Anne Grießer

Glücksorte im Südschwarzwald

Fahr hin und werd glücklich

Droste Verlag

Mein glückliches Dankeschön gilt
Alex, Barbara, Angelika, Loretta, Marlene,
dem Rest der Bagage
und meiner Lektorin Antje Kluth.
Merci!

Liebe Glücksuchende,

geteilte Freude ist doppelte Freude, sagt man. Jeder kennt diesen klugen Spruch, der voller Wahrheit steckt und sich genauso gut mit dem Wörtchen Glück kombinieren lässt. Beim Besuch meiner persönlichen Lieblingsorte im Südschwarzwald habe ich mich unbändig darauf gefreut, all diese schönen Erlebnisse mit Gleichgesinnten zu teilen. Das Glück, so habe ich festgestellt, liegt in den kleinen, oft unverhofften Zauberdingen des Lebens. Es kann in einem Likörgläschen daherkommen oder sich in der saftigen Süße einer Schwarzwälder Kirschtorte verstecken. Es kann im zärtlichen Rauschen einer uralten Tanne nachklingen, die sich sanft im Wind wiegt. Oder es schleicht sich auf der warmen Zunge eines neugierigen Kälbchens in unser Leben. Der Schwarzwald steckt voller Wunder. Magisch ist er, und immer ein wenig geheimnisvoll. Seine Bewohner sind bodenständig und ungezähmt, ganz wie die Landschaft, in der muntere Bächlein sprudeln und sich wilde Blumen über Almwiesen ergießen.
Ich lade Sie alle ganz herzlich ein, viele dieser Glücksmomente mit mir zu teilen!

Ihre Anne Grießer

Deine Glücksorte ...

... noch mehr Glück für dich

Zum Aufblühen schön!

1 *Streuobstwiesen im Eggenertal*

Am Fuß des Hochblauen schmiegt sich das Eggenertal an den westlichen Schwarzwaldrand. Im Frühjahr, wenn endlich wieder die Draußen-Zeit beginnt, gibt es keinen schöneren Ort als dieses liebliche Stück Natur. Auf sanften Hügeln und welligen Wiesen wachsen unzählige Obstbäume. Mit den ersten Sonnenstrahlen recken auch die Äste von Kirsche, Birne und Apfel ihre neugierigen Knospen in den lauen Wind. Ein zwölf Kilometer langer Rundweg schlängelt sich auf Wiesenpfaden durch das stille Tal. Vorbei geht es an alten Baumriesen, an Weinreben und Trockensteinmauern, in deren Ritzen sich quirlige Eidechsen tummeln. Die Luft duftet nach dem ersten frisch gemähten Gras und in der Ferne ist immer die Kulisse des Blauen sichtbar, dazu die malerischen Kirchtürme von Niedereggenen, Obereggenen und Schallsingen. Das Krafttanken funktioniert hier auch deshalb so gut, weil keine lästige Durchgangsstraße die Ruhe stört. Nur ein paar verschlafene Landstraßen führen in die Dörfer des Tales. Im Wasserschloss Entenstein (Schliengen) ist ein Prospekt mit Wandertipps erhältlich – aber verlaufen kann man sich auch ohne diese Hilfe nicht. Man muss ja immer nur der Spur der Kirsche folgen, Holzschilder weisen den Weg. Und irgendwo taucht dann ganz sicher ein idyllisches Bänkle auf, mit einer Aussicht, der man nicht widerstehen kann. Die Kirsche ist zum Wahrzeichen des Tales geworden, nicht nur, weil ihr Aroma im gesamten Schwarzwald Torten und Hochprozentiges prägt, sondern vor allem, weil die weiße Blütenpracht im Frühjahr eine Wohltat für Auge und Seele ist. Engagierte Bürger der Eggener Dörfer haben deshalb ein Blütentelefon eingerichtet, wo man sich im März und April täglich über den aktuellen Blütenstand informieren kann. Schön ist es im Tal aber auch zu jeder anderen Jahreszeit. Egal ob Frühjahr, Sommer oder Herbst – der Traum vom saftigen, reifen Obst ist immer zum Greifen nah!

TIPP Auch einen Besuch wert: das nahe gelegene Schloss Bürgeln (tägliche Führungen).

Eggenertal, 79418 Schliengen-Obereggenen, Schliengen-Niedereggenen, Schliengen-Schallsingen, Blütentelefon: (0 76 35) 8 24 96 49
www.eggenertal.de
ÖPNV: RVF Bus 264, Haltestelle Obereggenen Rathaus

Wild, grün & romantisch

2 *Abendspaziergang durch die Ravennaschlucht*

Ravenna liegt im Schwarzwald? Ehrlich?
Nun ja, natürlich nicht die italienische Stadt, die man mit diesem Namen verbindet, wohl aber ein sprudelnder Bach, der eine wilde Schlucht ins Höllental gegraben hat, eine Schlucht, die jedes Abenteurerherz höherschlagen lässt. Der ungewöhnliche Name leitet sich vermutlich vom Französischen ravin (Schlucht) ab. Zugegeben, ein Geheimtipp ist dieser Spaziergang nicht. Seine prickelnde Schönheit lässt sich eben nicht verschweigen. Trotzdem kann man dem Rummel am Hofgut Sternen gut entgehen, indem man einfach am Abend kommt, wenn die Busse schon wieder abreisen und das Licht sowieso am zauberhaftesten ist. Das Hofgut war schon in vergangenen Zeiten ein Anziehungsort für Reisende. Hier wurden die Pferde gewechselt, bevor es hinauf nach Hinterzarten ging. Goethe ist im Hofgut abgestiegen und Marie Antoinette auf ihrem Weg von Wien nach Versailles. Heute ist der reizvollste Hingucker das 37 Meter hohe Eisenbahnviadukt, über das die Höllentalbahn tuckert. Dort ist auch das Eingangstor zur Ravennaschlucht. Es geht bergauf, rund 330 Höhenmeter, aber die tun nicht weh, weil der Weg so spektakulär ist. Über Treppenstufen und Holzbrücken steigt der Pfad, vorbei an zwei Wasserfällen, umgestürzten Baumstämmen und moosbewachsenen Steinen, immer am Bach entlang, der lieblich gluckert und das Geräusch der nahen Straße gänzlich verschluckt. Weiter oben steht die Großjockenmühle, die einzige von mehreren Mühlen, die noch übrig geblieben ist. Ein guter Ort zum Innehalten und Tief-Durchatmen! Schon bald danach hat man dann das Ende der Schlucht und das Gästehaus Ketterer erreicht. Und nun? Einkehren oder gleich umkehren? Beides hat seinen Reiz, denn auf dem Rückweg entdeckt man garantiert weitere Naturkostbarkeiten und neue Blickwinkel. Egal für welche Variante man sich entscheidet – fest steht jedenfalls: Wer nie die Ravennaschlucht durchwandert hat, der kennt es nicht, das Herzstück und Schatzkästlein des Höllentals.

TIPP

Im Advent findet unter dem Viadukt ein stimmungsvoller Weihnachtsmarkt statt.

Ravennaschlucht, 79874 Breitnau
ÖPNV: RVF Bus 7216 ab Hinterzarten, Haltestelle Höllsteig Hofgut Sternen

Lothar hat gebacken

3 *Rast im Wanderheim am Kreuzmoos in Freiamt*

Wer bei Angelika Lais und Lothar Dold Rast macht, trägt entweder Wanderschuhe oder eine Fahrradhose – ganz sicher aber die Sonne im Herzen. Die traumhafte Landschaft im Naturschutzgebiet am Kreuzmoos zaubert jedem Ausflügler ein Lächeln auf die Lippen. Hier oben auf den saftigen Matten in 725 m Höhe wirkt die Natur ein bisschen grüner, die Welt ein bisschen lieblicher und die Luft ein bisschen milder als anderswo. Im Moor wachsen seltene Orchideen, im Sommer locken süße Heidelbeeren, im Herbst würzige Steinpilze. Der Kandelhöhenweg führt direkt am Wanderheim vorbei, vom Aussichtsturm auf dem nahen Hünersedel genießt man ein atemberaubendes Panorama. So viel Glück macht hungrig und durstig! Angelika Lais und Lothar Dold haben das Wanderheim 2017 übernommen. Und sie betreiben es nicht nur, sie leben es! Das wird in vielen hübschen Details deutlich und natürlich in der Speisekarte. Sie bietet ausschließlich regionale Produkte: Käse frisch vom Dorerhof in Elzach, Marmelade von einer kleinen Manufaktur, den Frohlunder, eine Holunderblütenlimonade, oder s'Holderwiebli und den DobelDudler, Eigenkreation, so naturnah wie alles hier oben. Heiß begehrt sind Lothars Kuchenspezialitäten, allen voran der Waldbeer- und der Käsekuchen. Was das Besondere daran ist? Ganz einfach: Lothar liebt seine Heimat, liebt bodenständige Ingredienzen, er liebt das Backen – und das schmeckt man eben!

TIPP
Spannend und humorvoll: die geführten Krimi-Wanderungen von Frühjahr bis Herbst.

Im Freien sitzt es sich natürlich am schönsten. Für die kühleren Tage gibt es aber auch eine gemütliche Gaststube mit Kachelofen. Dort finden vor allem zur Winterzeit vielfältige Veranstaltungen statt: Theater, Lesungen oder Workshops.

Das Wanderheim bietet auch Übernachtungsmöglichkeiten: komfortabel im Doppelzimmer mit Dusche & WC, gemütlich in den Mehrbettzimmern oder urig im Matratzenlager. Und spätestens wenn am Abend Stille einkehrt, wird es wirklich wahr: Fuchs und Hase sagen sich friedlich Gute Nacht!

Wanderheim Kreuzmoos, Kreuzmoos 1, 79348 Freiamt, Tel. (0 76 45) 3 86
www.wanderheim-kreuzmoos.de
ÖPNV: Zug nach Oberwinden, ca. 7,5 km

Gute, alte Zeit

4 *Willkommen im Schniederlihof am Schauinsland*

Das Walmdach reicht weit herunter, Blumenarrangements schmücken die Holzfassade. Die Lage ist traumhaft, der Blick hinab nach Hofsgrund malerisch. Die Bank an der Hauswand möchte man – einmal ergattert – so schnell nicht wieder verlassen. Zugegeben, es gibt größere Freilichtmuseen im Schwarzwald. Der Schniederlihof ist weder das spektakulärste, noch das prächtigste Bauernhaus der Region. Aber er ist vielleicht das authentischste! Wer sich ein farbiges Bild von der „guten, alten Zeit" machen will, ist hier goldrichtig. Im Rahmen einer liebevoll gestalteten, sehr persönlichen Führung erwacht die Vergangenheit des vierhundert Jahre alten Hofes zu neuem Leben. Bis 1966 wurde das Gut sogar noch bewirtschaftet. Reich waren seine Bewohner nicht, zumindest nicht an materiellen Schätzen. Das Leben auf dem Schauinsland gestaltete sich schlicht, denn auf 1050 Metern Höhe war Landwirtschaft kaum möglich. Zusätzliche Einnahmequellen mussten her, zum Beispiel durch das Herstellen von Holzschindeln im Winter. In der voll eingerichteten Werkstatt bekommt man eine Vorstellung von diesem Handwerk. Der Geruch des allgegenwärtigen Rauchs sitzt noch im Gebälk der dunklen Küche und kitzelt die Nasen. Ein Blick nach oben offenbart Würste und Speck, die auf althergebrachte Weise konserviert werden. Fast kann man die weißen Atemwölkchen sehen, wenn der Führer von der Kälte im Winter erzählt. Die gute Stube wurde von der „Kunscht" erwärmt, einer raffinierten Verbindung zum Küchenofen. Zehn Grad galten schon als kuschelig warm! Kein Wunder also, dass man das Vieh gern im Haus hielt, es schenkte zusätzliche Wärme. Unter dem Herrgottswinkel, dem Hausaltar, befindet sich der Esstisch. Hier wurde gebetet, gegessen, gelebt. Warum nur übt diese einfache Vergangenheit eine solche Faszination auf uns aus? Vielleicht, weil sie uns zeigt, dass Wohlstand nicht die einzige Grundlage für Glück und Zufriedenheit ist?

TIPP

Ein kleiner Kiosk mit schönen Sitzgelegenheiten lädt zum Picknick ein.

Schniederlihof, Gegendrumweg 3, 79254 Oberried-Hofsgrund, Tel. (01 70) 3 46 26 72

ÖPNV: RVF Bus 271, 7215, Haltestelle Hofsgrund Hof, ca. 1 Kilometer Fußweg, oder Schauinslandbahn zur Bergstation, ca. 1,5 Kilometer Fußweg

Schwimmen mit Libellen

5 *Sommervergnügen: die Naturbadestelle Sulzburg*

Frösche quaken, Insekten summen. Ein Molch schnappt nach einer Fliege. Kurz darauf ist die Wasseroberfläche des Sees wieder so glatt, dass sich die umstehenden Bäume perfekt darin spiegeln. Inmitten eines kleinen Naturparadieses wartet eine Oase der Ruhe auf die ersten Badegäste des Tages. Was ist der Unterschied zwischen einem Naturschwimmbad und einer Badestelle? Ganz einfach. Im Schwimmbad ist alles auf die Bedürfnisse des Menschen abgestimmt, an der Badestelle hat hingegen die Natur den Vorrang. Der romantische See, der vom Wasser des Sulzbaches gespeist wird, ist die Kinderstube von zahlreichen Insekten und Amphibien. Jedes Jahr kommen sie zur Eiablage und zum Laichen aus den umliegenden Wiesen und Wäldern. Der Mensch ist herzlich eingeladen, den idyllischen Ort zu genießen, ein Bad im See zu nehmen und beides respektvoll mit der Tier- und Pflanzenwelt zu teilen. Im Sommer ist das Wasser herrlich erfrischend. Die Flügel der Libellen, von denen es hier sieben verschiedene Arten gibt, funkeln in allen Regenbogenfarben im Sonnenlicht. Libellen sind friedliche Tiere, weder beißen noch stechen sie, einem freundlichen Miteinander steht also nichts im Wege! Einen Bademeister gibt es im Naturbad nicht, wohl aber sanitäre Anlagen und einen Kiosk fürs leibliche Wohl. Und weil der kleine See früher einmal ein echtes Schwimmbad war, stehen auch noch die hübschen Umkleidekabinen aus den 30er-Jahren zur Verfügung. Auf der großen Liegewiese kann man sich sanft trocknen lassen. Vielleicht ergattert man sogar direkt am See einen der verschnörkelten Stühle und kann sein kühles Getränk in bester Uferlage genießen? Den Sulzburgern ist ihre Badestelle lieb und teuer. Mit viel Herzblut pflegen sie die Anlage, reinigen Dachrinnen, verpassen den Gebäuden neue Anstriche und umhegen Blumen und Liegewiese. Schwimmen, mit der Natur verschmelzen, einfach mal abtauchen. Nirgendwo lässt sich das besser verwirklichen als hier.

Badestelle Sulzburg, Badstraße 61, 79295 Sulzburg, Tel. (0 76 34) 56 00 40

ÖPNV: RVF Bus 113, 261, Haltestelle Sulzburg Marktplatz, ca. 1,4 Kilometer Fußweg

Alles handgemacht

6 *Einkehr im Café Goldene Krone in St. Märgen*

Torte ist nicht gleich Torte. Es gibt gute Torte, leckere Torte und sehr leckere Torte. Und es gibt die fantastische Torte von den Landfrauen in St. Märgen. Nein, hier ist kein Konditormeister am Werk. Auch kein Sternekoch. Es sind die Frauen aus dem Ort, die in der Goldenen Krone alle Köstlichkeiten auf die Teller zaubern. Die Rezepte für Kuchen und deftige Speisen stammen teilweise noch von Großmüttern und Urgroßmüttern. Natürlich sind sie streng geheim! In der Backstube und in der Küche ist Handarbeit angesagt. Fertigprodukte gibt es hier keine, das wäre nicht mit dem Selbstverständnis der Landfrauen vereinbar. Ein kleines Geheimnis der Küchenmamsellen und Feinbäckerinnen darf aber doch verraten werden: Es sind die frischen Zutaten, die allesamt aus der Region stammen, häufig direkt vom Hof des Erzeugers. Biolandeier, gute Butter, feines Mehl. Kräuter aus dem eigenen Garten. Bei den Landfrauen einkehren, heißt ein Stück Heimatliebe erleben. 2012 hat die Landfrauengenossenschaft die Goldene Krone übernommen. Damit hat sie ganz nebenbei einen wertvollen Beitrag zur Erhaltung des historischen Gebäudes geleistet. Es wurde 1753 als Klosterherberge erbaut, später zum Grand Hotel umgestaltet. Aber nur der Initiative der St. Märgener ist es zu verdanken, dass es nach Jahren des Verfalls nicht abgerissen, sondern aufwendig restauriert wurde. Noch immer ist das Flair des ehemaligen Grand Hotels zu spüren. Fast schon legendär sind die Schwarzwälder Kirschtorte und das Frühstücksbuffet mit knackigem Holzofenbrot, Imkerhonig, Räucherforelle, Obstsalat, ofenfrischem Hefezopf, Gemüse zum Dippen, Herzhaftem vom Landmetzger, selbst gemachter Limonade, und, und, und ... Natürlich kann man ein paar Stücke Kuchenglück auch mit nach Hause nehmen. Oder darf es etwas „Schönes vom Lande“ sein? Im Café-Laden wird man fündig: Marmelade wie bei Oma, selbst gemachte Liköre. Einfach lecker!

Café Goldene Krone, Wagensteigstraße 10, 79274 St. Märgen, Tel. (0 76 69) 9 39 99 88
www.cafe-goldene-krone.de
ÖPNV: RVF Bus 221, 7216, 7261, Haltestelle St. Märgen Post

Beste Aussichten

7 *Rundumblick von der Hohen Möhr bei Schopfheim*

Den Schwarzwald zu Füßen, die Vogesen und den Jura im Visier. In der Ferne schimmern schneebedeckte Alpengipfel. Die Sicht ist atemberaubend, hier oben in luftiger Höhe! Die Hohe Möhr ist 989 Meter hoch, der Turm packt noch einmal 25 Meter obendrauf und knackt damit die Tausendergrenze. Das Auge hat einiges zu entdecken, während sich die Lunge mit der frischen Luft füllt. Feldberg und Belchen sind schnell gefunden, ihre Silhouetten sind unverwechselbar. Hochblauen, Herzogenhorn oder Hohe Flum sind da schon schwieriger auszumachen. Aber die Infotafeln auf der Aussichtsplattform helfen beim Einordnen der vielen Bergrücken. Der Alpenblick setzt klare Luft und eine wolkenfreie Wetterlage voraus. Beides ist rund um Schopfheim häufig anzutreffen. Nicht zuletzt deshalb kam der örtliche Schwarzwaldverein schon 1894 auf die gute Idee, den schönen Turm zu errichten. 7825 Goldmark war er damals wert. Dabei sind die kleinen Momente der Vollkommenheit, die die traumhafte Aussicht bietet, nicht so ohne Weiteres in Geld aufzuwiegen. Von Schweigmatt aus lässt sich die Hohe Möhr in einer knappen Stunde über schattige Waldwege erklimmen, doppelt so weit ist es von Raitbach aus. Erst im letzten Moment, wenn man schon fast vor ihm steht, taucht der Turm zwischen den Bäumen auf. Kein Stahlfachwerkgerüst, wie man es von modernen Bauten kennt, nein, hübsch altmodisch. Ein solider Steinturm mit Holzaufbau und einem Mantel aus 25.000 Schindeln. Im unteren Teil führen Steinstufen hinauf, weiter oben folgen 87 Holzstufen. Ach, ganz klein werden die Häuser im Tal von der Höhe aus betrachtet! Auch die Alltagssorgen schrumpfen mit dem Blick in die Weite. Heimatliebe und Fernweh gehen eine ungewöhnliche Verbindung ein. Denn während der Blick sehnsuchtsvoll in die Ferne schweift, spürt man sie besonders deutlich, die Zugehörigkeit zur Natur und zur Landschaft des Schwarzwaldes.

TIPP Abkühlung nach dem Wandern gefällig? Dann ab ins Höhenschwimmbad Schweigmatt!

Hohe Möhr, 79650 Schopfheim
ÖPNV: Zug SBB S6 oder RVF Bus 7300 bis Bahnhof Hausen-Raitbach, ca. 45 km Wanderweg

Heimat-Bilder

8 *Die Galerie von Sebastian Wehrle in Freiamt*

Bilder können das Herz berühren, die Seele streicheln und die Fantasie beflügeln. Bilder können uns zum Staunen anregen, zum Schmunzeln, Nachdenken oder zum Stirnrunzeln. Sie können uns sogar verstören. Den Heimat-Bildern des Fotokünstlers Sebastian Wehrle gelingt all dies mühelos. Seine Motive sind zu hundert Prozent Schwarzwald – und brechen doch auf spannende Art mit allen Erwartungen. Seine Fotografien spielen ganz bewusst mit gängigen Klischees und Traditionen. In der Schwarzwaldmädel-Reihe lichtet er Trachten ab. Trachten, die eigentlich das Brauchtum vergangener Zeiten illustrieren. Doch Sebastian Wehrle steckt moderne Frauen (und Männer) in die althergebrachte Robe. Frauen mit Tattoos und Piercings. Männer mit hippen Bärten oder dunkler Hautfarbe. Menschen mit herausforderndem, trotzigem und frechem Gesichtsausdruck. Das ist ein junger Schwarzwald, der Spaß macht! Seine Liebe zur Natur und zu den tierischen Bewohnern seiner Heimat zeigt Sebastian Wehrle auch in einer grandiosen Fotoreihe mit blumengeschmückten Bullen. Der spezielle Blick des Künstlers kommt an, nicht nur in der Heimat. Sogar in New York können seine Fotografien bewundert werden! Wehrles Domizil ist das Atelier im Freiämter Ortsteil Am Bus. Besucher sind hier herzlich willkommen. Einen Kaffee gefällig? Aber gern! „Wir träumen davon, uns zu vergrößern, eine Galerie mit Café zu eröffnen", verrät der Künstler. Zu seinen Gästen zählen Neugierige und Fotoliebhaber. Außerdem kommen Menschen, die sich gern ablichten lassen wollen. Das macht Sebastian Wehrle gern. „Allerdings auf meine eigene Art", erklärt er. „Die Bilder sollen meine Sichtweise spiegeln, das ist Voraussetzung." Kommen auch Landwirte, die ihre Kühe fotografieren lassen wollen? „Na klar! Aber nicht jede Kuh lässt das mit sich machen. Manche fressen die Blumenkränze lieber auf …" Dann muss Stefanie Schneider, die Floristin, mit dem Flechten eben wieder von vorne beginnen!

Galerie Sebastian Wehrle, Am Bus 14, 79348 Freiamt, Tel. (0 76 45) 9 17 83 20
www.sebastian-wehrle.de

ÖPNV: RVF Bus 211, 231, 232, 233 Haltestelle Ottoschwanden Am Bus, ca. 200 Meter Fußweg

Bizarre Baumgestalten

9 *Weidbuchenpfad zum Belchen bei Schönenberg*

Erhaben und mächtig thront der Belchen mit seinen 1414 Metern Höhe im Herzen des Naturparks Südschwarzwald. Man spricht ihm magische Kräfte zu. Gemeinsam mit dem Schweizer Belchen und dem Ballon d'Alcace bildet er ein mystisches Dreieck, das Sagenforschern und Esoterikern allerlei Stoff für Spekulationen über uralte Verbindungen liefert. Unzählige Wanderwege führen von allen Seiten auf den kuppelförmigen Gipfel, sogar eine Kabinenbahn fährt nach oben. Einer der schönsten Wanderwege ist ganz zweifelsfrei der Weidbuchenpfad. Diese außergewöhnlichen Bäume beflügeln sofort die Fantasie. Sie erzählen vom Werden und Vergehen in rauer Natur, von langer, schwieriger Kindheit und einem noch längeren, aber friedlichen Sterben. Sie erzählen von gierigen Kühen, von guten und schlechten Jahren, von Pilzen, Schwämmen und Flechten, von Käfern und Larven. Wer mit Pinsel und Farbe oder der Fotokamera umzugehen weiß, sollte seine Ausrüstung keinesfalls vergessen! Eine Weidbuche ist eigentlich nichts anderes als eine gewöhnliche Rotbuche. Erst die Lebensumstände machen sie zu einer bizarren Schönheit. Auf den Viehweiden werden die jungen Triebe immer wieder von Rindern abgeknabbert. Während die Artgenossen im Wald schnell an Höhe gewinnen, ist der kleine Busch auf der Weide jahrelang ein Zwerg. Irgendwann kommen die Kühe dann nicht mehr an die mittleren Triebe heran, und diese können endlich ungestört wachsen. Im Laufe von vielen Jahren entsteht eine dicht belaubte, ausladende Krone. Damit hat die Weidbuche ihre besten Jahre erreicht. Ihr gemächliches Sterben dauert länger als ein ganzes Menschenleben. Alte Weidbuchen werden meistens hohl. In ihrem Innern haben Hütejungen früher Schutz vor Wind und Wetter gefunden. Der Pfad mit diesen großartigen Baumriesen endet auf der oberen Stuhlsebene. Von dort ist der Belchengipfel nicht mehr fern.

TIPP Bei der Tourist-Info in Schönau gibt es eine spannende Begleitbroschüre zum Themenpfad.

Weidbuchenpfad, Startpunkt: Untere Stuhlsebene, 79677 Schönenberg (Schönau)
Parkmöglichkeiten: Dorf Schönenberg

Im Zeichen der Rose

10 *Das Blumendorf Nöggenschwiel im Hotzenwald*

Dieser Duft! Hier eine fruchtige Zitrusnote, dort ein süßer Hauch von Apfel und Vanille. Auf Schritt und Tritt wird die Nase von köstlichen Rosenaromen umweht, das Auge von einer leuchtenden Farbpracht verwöhnt. Rot, Orange, Gelb und Weiß, mal kräftig, mal in Pastelltönen. Im Rosendorf Nöggenschwiel wachsen über 16.000 Rosenstöcke. Sie sind überall: in den Vorgärten, am Straßenrand, in kleinen Parks, an Häuserwänden, auf Terrassen von Cafés. Das verträumte Dorf ist ein einziger Blumengarten. Schon nach wenigen Minuten verliert man sich ganz im Rausch der Sinne. Besonders lieblich ist der Schwarzwaldrosen-Sortimentgarten. Alles, was dort blüht, egal ob Hochstamm, Zwerg-, Strauch- oder Kletterrose, ist auf seine Frosthärte für geografische Höhenlagen geprüft. Jede Pflanze trägt ein Schildchen mit dem Namen – es könnte ja sein, dass man sich gerade in diese Rose verliebt hat.

Klein, aber besonders ist der Duftgarten bei der Dorfkirche. Nicht jede Rosensorte trägt ein Parfum, und doch ist es gerade das Bouquet, das die Seele dieser Blume ausmacht. Ein kräftiges Potpourri an Aromen wartet darauf, erschnuppert zu werden. Ohne das Engagement der Dorfbewohner wäre ein solches Blütenmeer natürlich gar nicht möglich. Neben den öffentlichen Gärten tragen gerade die privaten zu der unvergleichlichen Pracht bei. Der Rosenweg ist die längste Straße im Ort. Aber es lohnt sich, durch das ganze Dorf zu spazieren und die idyllische Atmosphäre auf sich wirken zu lassen. Fürs leibliche Wohl sorgen mehrere Cafés und Gasthöfe. Am schönsten sitzt man wohl im Garten der Gretstube, ganz zentral in der Dorfmitte gelegen. Und wer überhaupt nicht genug vom Rosenparadies bekommt, kann hier auch im Gästezimmer einchecken. Oder im Trauzimmer den Bund fürs Leben schließen! Denn dass vor der blühenden Kulisse von Nöggenschwiel besonders gern geheiratet wird, versteht sich fast von selbst.

TIPP

Im Rosenladen (Tourist-Info) gibt es tolle Mitbringsel.

Rosendorf Nöggenschwiel, 79809 Weilheim, Tel. (0 77 55) 15 53
www.rosendorf.de
ÖPNV: WTV Bus 7341, Haltestelle Josef-Raff-Platz

Dampf-Nostalgie

11 *Mit dem Chanderli durchs Kandertal*

Ein Pfiff ertönt, der Schaffner hebt die Kelle. Und los geht's! Auf zu einer dreizehn Kilometer langen Reise in die Vergangenheit! Mit dem Dampfgeruch in der Nase und dem Rattern der Räder im Ohr fühlt man sich sofort in eine andere Zeit versetzt.

Die Kandertalbahn, auf alemannisch liebevoll Chanderli genannt, tuckert im Sommer jeden Sonntag von Kandern nach Haltingen und zurück. Eine Reise wie aus dem Bilderbuch! Kaum jemanden hält es auf den Holzbänken, die meisten Fahrgäste recken ihre Nasen aus dem Fenster. Ein lauer Wind weht, Wiesen, Gärten und idyllische Bahnhöfe ziehen gemächlich vorbei. An jedem Bahnübergang wird stilecht gebimmelt. Und natürlich besitzt der Schaffner eine altertümliche Lochzange, mit der er die Fahrkarten entwertet. Am 1. Mai 1895 fuhr erstmals ein Dampfzug durch das Kandertal. Neunzig Jahre nach der glorreichen Eröffnung kam im April 1985 das Aus für die Strecke. Zum Glück gründete sich kurz darauf ein Verein, der bis heute die Museumsbahn betreibt. Der Zug hält an sieben Stationen, und fast immer stehen winkende Zuschauer am Bahnsteig, denen das Chanderli ein Lächeln auf die Lippen zaubert. Noch bevor die Bahn losfährt, wird ausgiebig rangiert, hier ein Stäubchen von der über hundert Jahre alten Lok gefegt, dort ein Kolben geschmiert. Im Postwagen stapeln sich alte Koffer. Wurden sie etwa vor Jahrzehnten vergessen? Nein, natürlich nicht! Die Vereinsmitglieder haben sie originalgetreu aufgetürmt, damit auch jedes Detail stimmt. Lokführer, Heizer und Schaffner posieren für Fotos und beantworten geduldig die Fragen neugieriger Passagiere.

TIPP Nach Voranmeldung sind auch Führerstandsmitfahrten möglich.

Die einfache Fahrt dauert fünfundvierzig Minuten. Fünfundvierzig Minuten für dreizehn Kilometer! Das ist wahrhaft entschleunigtes Reisen. In Haltingen bekommt die Lok ein wenig Wasser, dann geht es zurück. Wie schade, dass der Ausflug schon zu Ende ist!

Kandertalbahn e.V., Bahnhofstraße 15, 79400 Kandern, Tel. (0 76 26) 89 90 www.kandertalbahn.de

ÖPNV: SWEG Bus 1, 2, 4, 54, 55; RVF Bus 264, Haltestelle Busbahnhof Kandern

Abtauchen & genießen

12 *Radon Revital Bad in Menzenschwand*

Manchmal muss man sich einfach selbst verwöhnen. Dem Körper die Aufmerksamkeit schenken, die er verdient. Den Alltag abstreifen, entspannen und es sich so richtig gut gehen lassen. Am besten mit einem wohltuenden, warmen Bad. Das Schwimmbecken des Radon Revital Bades in Menzenschwand wird von flouridhaltigem Heilwasser aus dem Krunkelbachtal gespeist. Angenehme 34 Grad ist es warm. Ja, das ist ein Feeling wie in einer großen Badewanne! Dabei ist sie eigentlich eher klein, die Revital Therme. Kein Riesenspaßbad für die ganze Familie, sondern ein ruhiger Wohlfühlort für ein paar sorgenfreie Stunden ohne Hektik.

Wie sieht so ein Verwöhntag aus? Am besten erst einmal ins Wasser eintauchen, die Muskeln lockern, spüren, wie sich ein angenehmes Gefühl der Leichtigkeit einstellt. Durch die verglaste Fassade fällt der Blick nach draußen auf die Wiese und auf bewaldete Hänge. Ein kleiner Durchlass führt ins Außenbecken. Auch bei kühlem Wetter ein Muss! Bei Sonnenschein und angenehmen Temperaturen sind die bequemen Liegestühle unter freiem Himmel begehrt, bei Regen und Kälte die im lichtdurchfluteten Innenbereich. So langsam stellt sich wohlige Zufriedenheit ein. Jetzt ist es an der Zeit für den Whirlpool – oder doch lieber zuerst in die Sauna? Davon gibt es gleich drei, mit Temperaturen von 70 oder 90 Grad, und eine urige finnische Blockhaussauna. Nach Aufguss und Abkühlung sind Körper und Geist wie neugeboren. Ein bisschen träge vielleicht, aber ganz in der richtigen Balance. Im Kaminzimmer oder im Saunagarten lässt sich der Entspannungstag fortsetzen. Vielleicht ist ein Glas Sekt angesagt oder etwas Süßes?

Die Radonkuren (Wannenbäder) sind an eine medizinische Untersuchung geknüpft. Sie haben sich bei Gelenkbeschwerden, Hautproblemen und Erkrankungen der Atemwege bewährt. Sauna und Bad sind hingegen für alle da. Wenn der Verwöhntag vorbei ist, sind Körper und Seele mit Sicherheit wieder im Einklang.

- **Radon Revital Bad, In der Friedrichsruhe 13, 79837 Menzenschwand, Tel. (0 76 75) 92 91 04 www.radonrevitalbad.de**
- **ÖPNV: WTV Bus 7321.1, Haltestelle Hinterdorf oder Mitteldorf, jeweils ca. 400 Meter Fußweg**

Liebenswerte Holzköpfe

13 *Der Waldmenschen-Skulpturenpfad in Freiburg*

In jedem Baum steckt eine Geschichte. Sie richtet sich nach dem Standort, dem Alter, der Umgebung, dem Wuchs des Baumes. Der eine ist krumm, der andere verzweigt, der dritte knorrig. Kerzengerade und ohne Blessuren sind sie eigentlich nur, wenn sie noch sehr jung sind. In jedem Baum steckt ein Gefühl, eine Figur oder ein Gesicht. Oft sehen wir es nicht, weil uns der Blick dafür fehlt. Thomas Rees, Holzkünstler aus Kappel, sieht, was den meisten von uns verborgen bleibt. Und er legt es für uns frei!
Der Skulpturenpfad „Waldmenschen" beim Naturkundezentrum Waldhaus entstand 2008. Man begegnet dort allerlei erstaunlichen Gesellen. Einige sind sehr menschlich, andere gehören ganz ins Reich der Fantasie. Manche sind dem Märchen entlehnt oder uralten Mythen, die eine ganz eigene Weisheit besitzen. Die Skulpturen erzählen die Geschichten der alten Bäume, aus denen sie entstanden sind. Sie sind fantastische Wesen, die mit großem Einfallsreichtum eine innere Wahrheit vermitteln. Einen echten Plan hat Thomas Rees nicht, wenn er ein neues Kunstwerk erschafft. Material und Ort geben den Weg vor, und natürlich auch die eigene Stimmung. Spontaneität ist dem Künstler wichtig, der am liebsten unter freiem Himmel arbeitet. Sobald das Werk vollendet ist, übergibt Thomas Rees es wieder der Natur. Ameisen, Vögel, Spinnen und Käfer, sie alle dürfen ihre Spuren hinterlassen, ebenso wie der Lauf der Jahreszeiten. Denn im Wald ist alles im ständigen Wandel und letztendlich vergänglich. Ein Spaziergang auf dem Skulpturenpfad löst eine Vielzahl von Gedanken und Gefühlen aus. Welches Verhältnis haben wir zur Natur? Wo liegt das schöpferische Potenzial des Menschen, wo endet es? Wo verläuft die Grenze zwischen Schein und Realität? Immer wieder entdeckt man Neues, selbst wenn man schon häufig hier war. Denn die Wirkung der knorrigen Waldmenschen hängt ja auch immer von der Stimmung des Betrachters ab!

Skulpturenpfad WaldMenschen, beim WaldHaus Freiburg, Wonnhaldestraße 6, 79100 Freiburg
www.waldhaus-freiburg.de
ÖPNV: Straßenbahn 2, Haltestelle Wonnhalde, ca. 600 Meter Fußweg

Coole Schleckerei

14 *Die Bauernhofeis-Manufaktur in Freiamt*

Es lässt nicht nur Kinderherzen höherschlagen! Es ist das Lieblingsdessert der Deutschen. Eis ist cool, im wahrsten Sinne des Wortes. Besonders cool ist natürlich ein frisches Eis direkt vom Bauernhof, mit Zutaten aus der Region. Und das gibt es am Bühlerhof in Freiamt. „Anfangs war es vor allem eine gute Geschäftsidee“, bekennt Bettina Bühler, die Eisfrau. „Inzwischen ist es eine echte Herzensangelegenheit.“ Ihre fünfzig Milchkühe dürfen bei gutem Wetter auf die Weide und haben für nachts und winters einen hochmodernen Stall. „Denen geht es gut bei uns“, ist sich die Landwirtin sicher. „Und das schmeckt man.“ Die pasteurisierte Vollmilch ist die wichtigste Zutat für das Bauernhofeis. Bettina Bühlers Werkstätte befindet sich auf dem nahe gelegenen Ristsimonshof. Von dort bezieht sie auch einen Großteil des frischen Obstes. Angefangen hat sie das Eismachen mit den gängigsten Sorten, aber inzwischen ist das Angebot beträchtlich gewachsen. „Ich probiere gern Neues aus und verfeinere immer wieder die Rezepte. Außerdem gibt es natürlich rein saisonale Eissorten.“ Bettina Bühler kann und will nicht mehr vom Eismachen lassen. „Ich freue mich immer sehr darauf“, gesteht sie. „Da kann ich meine Kreativität ausleben und von allem anderen abschalten.“ Neben den Klassikern wie Vanille und Schokolade gibt es auch reine Fruchteissorten ohne Milch und Eiweiß. Und natürlich ganz ohne künstliche Farb- und Aromastoffe. Wer der Eisfrau so beim Erzählen zuhört, dem läuft unweigerlich das Wasser im Munde zusammen. Wie wäre es mit der Geschmacksrichtung Honig? Mit Rhabarber-Ingwer, Brombeere oder Mirabelle? Die Köstlichkeiten sind auf dem Bauernmarkt in Freiamt zu haben, außerdem im Milchhäusle in Ottoschwanden. Oder man kommt einfach während der Öffnungszeiten direkt am idyllischen Bühlerhof vorbei. Dann kann man gleich den Kühen Hallo sagen, den Hauptlieferanten für die Eisspezialitäten.

TIPP

Den Eiswagen vom Bühlerhof kann man auch mieten!

Bauernhofeis Bühler, Bühlerhof, Breite 1, 79348 Freiamt, Tel. (0 76 45) 10 94
www.bauernhofeis-freiamt.de
ÖPNV: RVF Bus 211, Haltestelle Breite

EIS - GELATO
GLACE

Vogel frei!

15 *Birdwatching im Freiburger Rieselfeld*

Manche zwitschern morgens, andere am Abend. In der Dämmerung und vor Sonnenaufgang gehört die Welt ganz den Vögeln. Dann schwillt ihr Gesang zu einem lieblichen Konzert, das Musiker und Dichter gleichermaßen inspiriert. Am lautesten und besonders melodisch zwitschern sie während der Brutzeiten im Frühjahr und im Herbst. Aber natürlich singen nicht alle Vögel, einige begnügen sich mit Klappern, wie der Storch, andere krächzen oder schimpfen gar, wie der legendäre Rohrspatz, der eigentlich Rohrammer heißt. So unterschiedlich wie ihr Gesang ist auch ihr Aussehen und ihr Verhalten. Wer Vögel für langweilig hält, hat sich noch nie dem Vergnügen hingegeben, sie eingehend zu beobachten! Die perfekte Möglichkeit für entspanntes Birdwatching bietet die eigens dafür geschaffene Aussichtsplattform im Freiburger Naturschutzgebiet Rieselfeld. Der Name des Geländes verrät es bereits: Früher war das Gebiet eine biologische Kläranlage, die bis in die 60er-Jahre des 20. Jahrhunderts der Abwasserreinigung diente. Auf dem gut gedüngten Boden entstand dadurch eine ökologisch wertvolle Landschaft, die Lebensraum für viele Tierarten bietet. Hier wachsen wilde Kräuter, Insekten summen, seit 2018 grasen auf den Wiesen sogar gelegentlich die Wasserbüffel des nahen Tierparks Mundenhof! Logisch, dass dieses Biotop auch ein Rückzugsort für viele Vogelarten ist. Von der vier Meter hohen Aussichtsplattform bietet sich der beste Blick über den Löhliteich und weit darüber hinaus. Mit ein bisschen Glück, Geduld und Ruhe lassen sich Graureiher, Feldlerche, Goldammer, Neuntöter oder Schwarzkehlchen aus nächster Nähe beobachten. Schwarzmilane und Mäusebussarde ziehen erhaben ihre Bahnen am Himmel, farbenfrohe Fasane streifen durch die Felder und lassen ihren Ruf ertönen. Am Abend locken prächtige Sonnenuntergänge, am Morgen ist der Gesang am bezauberndsten. Allerdings heißt es dann früh aufstehen! Die gefiederten Gesellen beginnen ihr Konzert oft schon lange vor Sonnenaufgang!

TIPP Unter folgendem Link lässt sich eine interessante Broschüre zum Naturschutzgebiet herunterladen: www.freiburg.de/pb/234952.html

Vogelbeobachtungsstation im Rieselfeld Freiburg

ÖPNV: Stadtbahnlinie 5, Endhaltestelle Bollerstaudenstraße, ca. 2 Kilometer Fußweg

Verwunschene Kaskaden

16 *Im Urwald bei den Zweribach-Wasserfällen*

Wenn im Hochsommer die Temperaturen über die 30-Grad-Marke klettern, gibt es nichts Schöneres als eine kühle Erfrischung. Wasser! Fünfzehn Meter stürzt sich der Zweribach an seiner untersten Fallstufe über schroffen Fels in die Tiefe. Das rauscht und spritzt, besonders wenn der letzte Regen nicht allzu lange her ist. Selbst an den heißesten Tagen des Jahres lässt es sich hier gut aushalten. Sie liegen inmitten eines urwüchsigen Waldstückes, diese Wasserfälle. Grün, so weit das Auge reicht. Farne, Moos und umgestürzte Bäume rahmen die Kaskaden ein. So muss es früher fast überall im Schwarzwald ausgesehen haben, bevor er durch die Siedler gezähmt wurde! Ein bisschen wie im Märchen, als der Wald noch ein magischer Ort war, an dem Geheimnisvolles geschehen konnte. 1970 wurde das Gebiet um die Wasserfälle zum Bannwald erklärt, was bedeutet, dass Äxte und Sägen daraus verbannt sind. Baumriesen und Unterholz geben selbstbestimmt den Weg an. Sie dürfen wachsen, wie sie wollen, und in aller Ruhe verrotten. Knorrige Wurzelteller ragen aus dem Grund, es duftet nach Harz und saftigem Moder. Irgendwann wird das alles wieder Urwald sein, eine Ahnung davon bekommt man schon heute. Der Zweribach stürzt über drei Fallstufen, die untere ist die höchste. Um dem Wasser ganz nahe zu kommen, ist ein bisschen Felsenkletterei angesagt. Aber dadurch wird der Spaß nur umso größer! Viele Wege führen zu diesem verwunschenen Ziel. Der kürzeste ist der Zugang vom Parkplatz beim Haldenhof. Von dort sind es nur eineinhalb Kilometer zum erfrischenden Nass. Deutlich länger und viel abenteuerlicher sind die Wanderungen, die in Obersimonswald oder St. Märgen beginnen. Da geht es auf steilen und spektakulären Wegen durch Bannwald und Schluchten. Ganz in der Nähe der Wasserfälle stand einst der *Brunnenhof*. Heute ist dort ein traumhaft schöner Picknickplatz mit alter Kapelle, Schutzhütte, Bänken und Tischen.

TIPP

Die Wasserfälle liegen am Zweitälersteig, 2019 zum schönsten Wanderweg Deutschlands gekürt.

Zweribach-Wasserfälle, 79263 Simonswald

ÖPNV: Südbadenbus 7270, 7272, nur bis Gütenbach

Chillen am Wolkenstrand

17 *Naturliegen mit Aussicht im Glottertal*

Füße hochlegen, ein spannendes Buch auspacken, Kekse knabbern. Vielleicht ein Gläschen Wein dazu genießen. Ab und zu den Blick in die Ferne schweifen lassen. Klingt wie Urlaub? Fühlt sich auch so an! Und dazu muss man gar nicht bis ans Mittelmeer reisen, sondern ins nahe Glottertal. Die schöne Gemeinde ist vielen Menschen nur als Drehort der legendären Schwarzwaldklinik bekannt. Was für ein Versäumnis! An wenigen anderen Orten zeigt sich der südliche Schwarzwald so abwechslungsreich wie hier. Dunkle Tannen, liebliche Weiden, malerische Höfe, der Bachlauf der Glotter – und sogar Weinberge! Ja, der Wein gedeiht hier prächtig. Grund dafür ist die besondere Lage – der Schwarzwald auf der einen Seite, der sonnenverwöhnte Kaiserstuhl auf der anderen. Von den Glottertäler Winzern stammt der legendäre Rote Bur, der seinem Namen zum Trotz durchaus auch weiß oder rosé sein kann. Besonders still und idyllisch ist es in den Seitentälern und auf den Höhen des Glottertals. Dort laden bequeme Holzliegen zu einem Kurzurlaub ein, der ein bisschen an einen Tag am Strand oder am Baggersee erinnert. Natürlich gibt es Naturliegen nicht nur hier. Aber im Glottertal hat man sich besonders viel Mühe gegeben, um die schönsten Standorte dafür auszusuchen. Ruhige Plätzchen, windgeschützt, manche ein wenig versteckt. Alle bieten eine atemberaubende Aussicht. Sie sind über reizvolle Wanderwege zu erreichen, nicht mit dem Auto, nur zu Fuß. Perfekt, um eine Rast einzulegen. Aber noch schöner ist es, ein bisschen mehr Zeit hier zu verbringen. Die Standorte der Liegen sind in einem Verzeichnis aufgeführt. Man kann sie also ganz gezielt ansteuern, mit allem, was man für einen erholsamen Urlaubstag so braucht: Vespersäckle, ein unterhaltsames Buch, das Lieblingsgetränk. Ein Handtuch, um die Liegen zu polstern. Ja, fast wie am Meer oder am Pool! Nur Badeanzug und Wasserspielzeug kann man getrost zu Hause lassen.

Naturliegen, www.glottertal.de

Infos zu Lage und Anreise unter Stichwort „Naturliegen" auf der Webseite

Einfach sagenhaft

18 *Ausflug zum Blindensee bei Schönwald*

Still und dunkel liegt er da, inmitten eines Hochmoores. Unergründlich tief scheint sein Wasser. Der Kiefernwald spiegelt sich darin, und man kann leicht vergessen, in welcher Zeit man sich befindet, sobald der Blick auf den See schweift und sich in ihm verliert. Der Sage nach standen hier einst zwei Höfe, deren Bauern sich so gottlos miteinander stritten, dass es dem Herrn im Himmel schließlich zu bunt wurde. Er schickte ein Donnerwetter mit Sturm, Blitz und Hagel, welches beide Höfe dem Erdboden gleichmachte. Übrig blieben nur zwei Mulden, die sich nach und nach mit Wasser füllten. Die Tiefe des Sees soll, laut einer anderen Legende, für immer ein Geheimnis bleiben. Denn als ein Schullehrer einen ersten Messversuch unternahm, drang eine unheimliche Stimme aus dem Moor: „Misst du mich, dann friss ich dich!", verkündete sie – und der Lehrer suchte schleunigst das Weite. Vielleicht befindet sich gar ein riesiger Ozean unter dem See? Ein Bauer kam angeblich nach reichlichem Kirschwassergenuss mit seinem Ochsengespann vom Weg ab, geriet in den Sumpf und sah, nachdem er in letzter Sekunde abgesprungen war, Tier und Karren versinken. Drei Tage später weilte er zufällig in Kehl und fand – oh Wunder – auf einer Wiese den grasenden Ochsen nebst Wagen wieder!

Man hat den Blindensee schließlich doch noch gemessen. Er ist etwa drei Meter tief. Und er entstand schon lange vor der Besiedelung des Gebietes. Das Hochmoor begann sich vor 10.000 Jahren zu bilden und wächst noch immer einen Millimeter pro Jahr in die Höhe. Es ist ein Paradies für seltene pflanzliche Hungerkünstler. Allerdings verlangt ihre Bestimmung ein gewisses Maß an Sachkenntnis, denn wer kann schon das Rötliche vom Großen oder das Spitzblättrige vom Sumpfblättrigen Torfmoos unterscheiden? Um die fragile Natur zu schützen, hat der Schwarzwaldverein einen Holzsteg errichtet, der zum See und darum herumführt. So erreicht man trockenen Fußes diesen wunderschönen Platz zum Träumen.

Blindensee, 78141 Schönwald im Schwarzwald

ÖPNV: VSB Bus 7270 nur bis Schonach, Haltestelle Grundbächle, ca. 4 Kilometer Fußweg

Genuss für alle Sinne

19 *Die Rainhof-Marktscheune in Kirchzarten-Burg*

Gourmets, Naturfreunde, Leseratten und Heimatliebhaber – sie alle zieht es in die Marktscheune. Hier findet man, was das anspruchsvolle Schwarzwaldherz begehrt: hochwertige, regionale Produkte, dargeboten in einzigartigem, stimmungsvollem Ambiente. Früher war die 1790 erbaute Rainhofscheune eine wichtige Umspannstation für Kutschen, die von Frankreich nach Österreich unterwegs waren. Nach dieser letzten Rast ging es vom lieblichen Himmelreich ins enge Höllental. Heute ist der 2010 denkmalgerecht sanierte Rainhof eine Wohlfühloase für Liebhaber regionaler Köstlichkeiten und Lebensart. Die Marktscheune vereinigt unter ihrem Dach auf 450 Quadratmetern das Feinkostgeschäft Himmel & Hölle und das gleichnamige Bistro, in dem nur Speisen und Getränke von ausgewählten einheimischen Produzenten auf den Tisch kommen. Man will kaum glauben, was der Schwarzwald alles zu bieten hat! Fantasievolle Brotaufstriche, ungewöhnliche Marmeladenkreationen, fruchtige Liköre, würzigen Schinken, duftende Gewürzmischungen, sogar handgerollte Zigarren aus dem Tabak, der in der Region üppig wächst. Pralinen, Craft-Bier, Naturkosmetik, die ganz ohne chemische Zusatzstoffe auskommt, hergestellt aus wilden Blumen und Kräutern, direkt auf der Schwarzwaldwiese gepflückt. Und natürlich schöne Dinge für zu Hause, wie zum Beispiel modern designte Kuckucksuhren für alle, die auf Tradition nicht verzichten wollen und trotzdem mit der Zeit gehen. Sibylle Steinweg, die Inhaberin der Marktscheune, hat ein Auge für das Besondere. Zu den Produkten präsentiert sie gern die passende Lektüre, denn in dem historischen Gemäuer hat auch ihr Buchladen ein stilvolles Zuhause gefunden. Gemeinsam mit dem Verein SchwarzWald Gut e.V, der innovative Unternehmen und Manufakturen der Region unterstützt, nutzt sie die Räumlichkeiten für Veranstaltungen, kleine Messen, Vorträge und Aktionstage. Man sollte für einen Besuch der Marktscheune also unbedingt Zeit mitbringen!

Rainhof Marktscheune & Buchladen, Höllentalstraße 96, 79199 Kirchzarten-Burg, Tel. (0 76 61) 9 88 09 21, www.rainhof-scheune.de

ÖPNV: S1, S10, S11 bis Bahnhof Himmelreich, ca. 50 Meter Fußweg

Von singenden Steinen

20 *Abtauchen in die Erdmannshöhle von Hasel*

Tempel, Rittergruft und Fürstensaal – klingt wie eine alte Burganlage? Falsch geraten! Wir befinden uns in der Erdmannshöhle bei Hasel, der einzigen Tropfsteinhöhle im Schwarzwald. Schon seit Jahrhunderten ist sie bekannt, keiner weiß, wann genau sie entdeckt wurde. Früher, so heißt es, haben Erdmännlein und -weiblein in ihr gelebt, sie gaben ihr den Namen. Immer wenn Besucher sich, mit Fackeln bewaffnet, in die Tiefe wagten, hörten sie ein geheimnisvolles Murmeln. Das musste wohl von jenen kleingewachsenen Wesen stammen, die hier hausten! Auch wenn wir heute längst wissen, dass die unheimlichen gluckernden Geräusche von dem Bach stammen, der in die Höhle fließt, in ihr verschwindet und erst viel später wieder auftaucht, hat die unterirdische Wunderwelt nichts von ihrem Zauber verloren. Auf 2.185 Metern Länge durchzieht die Höhle den Dinkelberg, 360 davon sind für Besucher begehbar. Spektakulär ist die Orgel, ein vielfarbiges Sintergebilde, und ein Riesentropfstein, der es sogar ins Guinnessbuch der Rekorde geschafft hat. Etwa hundert Jahre benötigt so ein Stein, um einen einzigen Zentimeter zu wachsen! Die Riesenstalagmiten und Stalaktiten haben also 135.000 Jahre gebraucht, um ihre heutige Größe zu erreichen. In der Fürstengruft wachsen zwei auffällige Stalagmiten in die Höhe. Der schlankere der beiden ist eine besondere Rarität. Unser Führer klopft vorsichtig an – und schon erklingt ein heller Ton, fast wie ein zarter Gesang. Wie ist das möglich? Ganz einfach: Der Stein ist innen hohl.

TIPP Einkehr im Landgasthaus Erdmannshöhle im Dorfzentrum, Spezialität: Heusuppe.

Durch seinen märchenhaften Anblick bezaubert der kleine Höhlensee, der über eine Treppe erreichbar ist. Hier muss man den Kopf einziehen. Aber die kleine Mühe lohnt sich! Im Wasser gespiegelt, wirken die Steine gleich noch einmal viel unwirklicher und magischer. Viele Versinterungen in der Erdmannshöhle tragen fantasievolle Namen. Während unsere Gruppe völlig fasziniert den langen Gang erkundet, wird schnell klar: Jeder sieht seine ganz individuellen Bilder.

Erdmannshöhle, Wehrer Straße 25, 79686 Hasel, Tel. (0 77 62) 80 68 90
www.gemeinde-hasel.de

ÖPNV: WTV Bus 7335, Haltestelle Hasel Dorfplatz, ca. 600 Meter Fußweg

Dem Himmel ganz nah

21 *Im Almgasthaus Knöpflesbrunnen bei Utzenfeld*

Saftige Höhenweiden, der Duft von kräftigen Wiesenkräutern, vereinzelte, windschiefe Bäume. Klare Luft, wie man sie nur hoch oben auf über tausend Höhenmetern erlebt. Bei guter Fernsicht die Silhouetten von Alpengipfeln. Manchmal zum Greifen nah. Klingt das nicht nach einem wahren Sehnsuchtsort? Nach ein bisschen Himmel auf Erden? In dieser idyllischen Oase der Stille liegt das Almgasthaus Knöpflesbrunnen. Im Mai 2020 haben sich Sebastian und Alexandra Haag einen lang gehegten Traum erfüllt und die Hütte als Pächter übernommen. Sie wollten einen Ort schaffen, an dem sich die Menschen wohlfühlen, erklären sie, einen Ort, der die Natur und das Natürliche wertschätzt. Und das ist ihnen gelungen! Mitgebracht haben sie ihre Tochter, ein fleißiges Bienenvölkchen und zwei Hähne nebst zugehörigem Harem. „Wir lieben das Einfache, weil es einfach schön ist! Wir wirtschaften nachhaltig, kochen und backen ausschließlich mit regionalen und saisonalen Produkten. Nur der Kaffee ist nicht von hier“, lacht Alexandra Haag. Auf der Speisekarte stehen typische Schwarzwälder Hüttengerichte: Wurstsalat, Vesperbrettle, Frühlingsbrot, Kuchen. Und natürlich Käsknöpfle mit würzigem Alpkäse. Das ist schon dem Namen geschuldet! Apropos Namen: Woher der wohl stammen mag? Die Dorfchronik von Utzenfeld verrät es: 1718 wird der Ort als Knöpflins Brunnen erstmals erwähnt. Knöpflin war der Spitznamen für einen Angeber, einen Neureichen, der sich stolz mit Gewändern, Silber- und Goldknöpfen schmückte. Am schönsten nähert man sich dem Almgasthaus auf Schusters Rappen. Wanderwege gibt es mehr als genug, von Todtnauberg oder von Muggenbrunn. Oben angekommen, hört man vielleicht als Erstes einen der Hähne krähen. In der Gartenwirtschaft sitzen schon andere Wanderer, manchmal auch Mountainbiker. Wer einmal sitzt, will so schnell nicht wieder aufstehen. Warum auch? Bald geht ja die Sonne unter und taucht den Horizont in orange flammendes Licht. Der Himmel – zum Greifen nah!

TIPP Im Almgasthaus gibt es auch Übernachtungsmöglichkeiten.

Almgasthaus Knöpflesbrunnen, Knöpflesbrunnen 1, 79694 Utzenfeld, Tel. (0 15 20) 6 00 35 51
www.knoepflesbrunnen.de

ÖPNV: RVF Bus 7300, Haltestelle Utzenfeld Engel, ca. 5 Kilometer Fußweg, oder Haltestelle Todtnau Busbahnhof, ca. 4 Kilometer Fußweg

Frech, fesch & farbenfroh

22 *Schwarzwald Couture: Mode in Freiburg*

Bollenhut mal anders: mit neckischem Strohhütchen, Netzschleier, zwei großen und ein paar ganz kleinen Plüschbommeln. Eher ein Fascinator als eine klassische Kopfbedeckung. Daneben eine Brosche mit einem röhrenden Hirschen drauf, gestickt auf grünem Taft. Eine bunte Einkaufstasche, auf der ein großäugiges Bambi sein Lebensmotto verkündet: „Schwarzwald isch Heimat." Und ein Dirndl mit winzigen Kuckucksuhrmotiven verziert. Wo es das alles gibt? Bei Kim Schimpfle in Freiburg. Schwarzwald Couture ist ein Label und ein kleiner Laden, der es in sich hat. Bunt und kreativ spielt die Modedesignerin mit den gängigen Klischees und bietet statt schwerer, altmodischer Tracht leichte und lockere Dirndl an, modern und farbenfroh. Kim Schimpfle stammt aus einer Künstlerfamilie und ist von Kindesbeinen an kreativ. Zwei gewonnene Nähwettbewerbe gaben dann den Ausschlag, die Sache professionell anzugehen. Ihre Kleider sind handgemacht und einzigartig. Sie sind exklusiv, es handelt sich fast ausschließlich um Unikate. Die Stoffe gestaltet die Designerin selbst und legt dabei einen brillanten Einfallsreichtum an den Tag. Bei aller Modernität verliert sie aber die Tradition nicht aus dem Auge. Natürlich fertigt Kim Schimpfle auch maßgeschneiderte Kleider an. Für Hochzeiten, besondere Anlässe – oder einfach für Menschen, die etwas Außergewöhnliches besitzen möchten. Mittlerweile ist die Designerin schon fast so etwas wie ein Medienstar. Fernsehen und Presse stehen immer wieder Schlange, um ihre ungewöhnliche Mode zu würdigen, die perfekt den Nerv der Zeit trifft.

Das alles hat selbstverständlich seinen Preis. Aber das Schöne an Schwarzwald Couture ist, dass der stimmungsvolle Laden auch für den schmaleren Geldbeutel zum Glücksort werden kann. Die kreativen Accessoires machen es möglich: Haarschmuck, originelle Broschen, Taschen oder Hüte – das perfekte Geschenk! Für andere, aber vielleicht auch einfach für sich selbst.

Schwarzwald Couture, Hildastraße 62, 79102 Freiburg, Tel. (07 61) 70 59 99 75
www.schwarzwaldcouture.de
ÖPNV: Straßenbahn 2, Haltestelle Lorettostraße, ca. 500 Meter Fußweg

warzwald

Symphonie in Weiß

23 *Konzerte im Dom von St. Blasien*

Ein überraschtes und ehrfürchtiges „Ahh" entweicht vielen Kehlen nach dem Öffnen der Tür. Zumindest, wenn es der erste Besuch im Dom von St. Blasien ist! So sehr ist man an das drückende Dunkel vieler Kirchen gewöhnt, dass die strahlende Flut von Weiß wie ein wohltuender Schock fürs Auge wirkt. Licht und Weite sind die vorherrschenden Motive der klassizistischen Pfarrkirche. Nichts weist von außen auf dieses besondere Erlebnis hin. Die Kuppel wirkt mächtig, sie ist die viertgrößte Europas. Die befreiende Atmosphäre des Gotteshauses entfaltet sich erst im Innenraum. Die Säulen und die Rotunde: eine Harmonie aus weißem Marmor. Radius und Höhe der Kuppel sind perfekt aufeinander abgestimmt. Raffiniert in ihrer Einfachheit! Mehrere Brandkatastrophen haben die Vorgängerbauten der ehemaligen Benediktinerabtei vernichtet. Doch aus dem Untergang ist Neues entstanden, Modernes und Schönes. Kaum eine andere Kirche schafft es, Größe und Erhabenheit so eindrücklich und gleichzeitig unaufdringlich sichtbar zu machen. Einen reizvollen Kontrast zum dominierenden Weiß bildet die dunkle Orgel. Die Königin der Instrumente, wie Mozart sie nannte, darf nicht nur während des Gottesdienstes ihre seelenreinigende Kraft beweisen, sondern auch bei den Domkonzerten im Sommer. Leise Töne mischen sich mit kräftigen, die nach und nach jede Pore durchdringen. Acht Sekunden hallen sie nach. Musiker und Chöre aus aller Welt besuchen den Dom, um der Akustik und dem wundervollen Raumklang nachzuspüren. Romantische Stücke funktionieren besonders gut, ebenso Barockstücke und moderne Musik. Jeden Dienstag im Juli und August ist dieser Augen- und Ohrenschmaus während der Internationalen Domkonzerte erlebbar. Eintrittsfrei, wohlgemerkt. Aber um eine angemessen Spende wird natürlich gebeten. Die Konzerte sind wie eine Predigt in Tönen, der Weiße Dom ein Augenschmaus. Er entlässt seine Besucher immer bereichert zurück in den Alltag.

Dom St. Blasien, Fürstabt-Gerbert-Straße 16, 79837 St. Blasien (0 76 72) 6 78
www.dom-st-blasien.de

ÖPNV: RVF Bus 7319, 7321, WTV Bus 7322, 7323, 7324, Haltestelle Busbahnhof St. Blasien, ca. 500 Meter Fußweg

Weggefährte Fluss

24 *Mit Rad und Hängematte ins Dreisamtal*

Zum Genussradeln gehört das Genießen ebenso sehr wie das Radeln. Das Genießen der Natur, des lauen Fahrtwindes, der durchs Haar streicht, der Verlockungen, die am Wegesrand warten. Deshalb sind beim Genussradeln die Pausen mindestens so wichtig wie das In-die-Pedale-Treten. Die Seele atmet durch, Geist und Körper entspannen. Das eindrucksvolle Dreisamtal mit seinen Gemeinden Kirchzarten, Buchenbach, Stegen und Oberried eignet sich hervorragend für eine solche Genusstour. Es hat nur mäßige Steigungen, die mit oder ohne E-Bike gut zu bewältigen sind. Unterwegs: herrliche Ausblicke auf die Schwarzwaldhöhen, Einkehrmöglichkeiten und stille Oasen am Fluss. Direkt in Freiburg ist die Dreisam noch recht belebt. Da wird gegrillt, gechillt und gefeiert. In den vergangenen Jahren wurde der Uferbereich renaturiert, seither locken in Stadtnähe Kiesstrände und Badestellen. Ab Ebnet wird es ruhiger. Gleich hinter Kirchzarten findet die Flusshochzeit von Rotbach und Wagensteigbach statt. Das ist der eigentliche Geburtsort der Dreisam. Der Name stammt aus dem Keltischen und bedeutet „die schnell Fließende". Doch davon ist heute nicht mehr viel zu spüren, sie müsste eher „die Gemütliche" heißen. Der Rotbach ist der Hauptquellfluss, und er ändert auf seinem etwa 20 Kilometer langen Lauf mehrmals den Namen. Zartenbach, Löffeltalbach, Höllbach – sie alle sind ein Stück Dreisam. Der Wagensteigbach ist ein wenig kürzer, führt allerdings mehr Wasser. Bei einer entspannten Tour durchs Tal ist der Fluss also nie weit entfernt. Genussradeln bedeutet, sich auf sanfte Art fortzubewegen, ein gemütliches Tempo anzuschlagen und genügend Luft für die Schönheiten am Wegesrand einzuplanen. Am besten, man packt für die Pausen ein Buch und eine Hängematte mit ein. Gibt es etwas Schöneres, als einen ganz persönlichen Lieblingsplatz zu entdecken? Und für alle, die keine Hängematte besitzen: Wie wär's stattdessen mit Bänkle-Hopping?

Dreisamtal, Ortschaften Kirchzarten, Oberried, Buchenbach und Stegen
www.dreisamtal.de

TORIA

Mit Ziegen auf Du & Du

25 *Unterwegs auf dem Menzenschwander Geißenpfad*

Die Wanderschuhe sind geschnürt, das Vesper gerichtet. Schnell noch ein Stück Ziegenkäse eingepackt! Das muss einfach sein, wenn man zum Geißenpfad aufbricht. Auch ein bisschen Sonnencreme schadet in den Sommermonaten nicht, denn die Wanderung verläuft nur gelegentlich im Schatten. Zunächst geht es an Wiesen und Weiden entlang. Sanft steigt der Weg, bis ein Wäldchen erreicht ist. Bei der Floriansquelle informieren Tafeln über den Versuch, an dieser Stelle Uran abzubauen. Anfang der 90er-Jahre wurde die Grube geflutet und das Gebiet renaturiert. Kurze Zeit später ertönt das erste Meckern. Da sind sie, die Ziegen, die dem Weg ihren Namen gaben! Geißen und Rinder helfen, die Weidefläche frei zu halten, sie sind die eigentlichen Landschaftsgärtner der Region. Fotogen werfen sie sich in Positur und modeln ein wenig vor der Kamera. Weiter führt der idyllische Pfad zu einem Parkplatz und dem Café Kuckuck. Nur wenige Meter davon entfernt, wartet schon die nächste Attraktion: Die Menzenschwander Wasserfälle stürzen sich malerisch in die Tiefe. Begleitet vom Rauschen des Wassers, führen gesicherte Steinstufen durch die kühle, schattige Schlucht hinauf. Oben wird die Landschaft wieder lieblich. Heidekraut und Felsen, später Wiesen und ein Bachlauf – der Geißenpfad geizt nicht mit Abwechslung. Infotafeln erklären Wissenswertes über eiszeitliche Endmoränen, Weidetierhaltung oder das Köhlereigewerbe. Und dazwischen locken jede Menge fantasievolle Rastplätze. Die lange Bank, die Wälderschneck oder Flößers Rast? Die Wahl fällt nicht leicht! Zum Abschluss wartet mit dem „Alpinen Pfad“ noch ein besonderes Stück Abenteuer. Aber keine Angst – er ist problemlos begehbar und gänzlich ungefährlich. Allein die Landschaft und der schmale Weg erinnern ans Hochgebirge. Der Menzenschwander Geißenpfad ist nur knapp zehn Kilometer lang. Aber weil es so viel zu sehen gibt und weil so viele besondere Stellen zum Verweilen einladen, vergeht im Nu ein ganzer Tag.

TIPP Im Bergbeizle „Zum Kuckuck“ gibt es leckere Ziegen-Spezialitäten.

Premiumwanderweg „Menzenschwander Geißenpfad“ ab Wanderparkplatz Mösle, Hinterdorfstraße 57, 79837 Menzenschwand-St. Blasien.
ÖPNV: RVF Bus 7321, Haltestelle Hinterdorf, ca. 650 Meter Fußweg

Über den Wipfeln

26 *Hinauf zum Baumkronenweg in Waldkirch*

Wer hoch hinaus will, darf den Aufstieg nicht scheuen. Wer die Natur hautnah erleben will, sollte alle Sinne dafür einschalten. Wer den Schwarzwald auf Augenhöhe erleben will, braucht ein wenig Geduld. Das Baden in Baumwipfeln muss man sich in Waldkirch nämlich erst einmal verdienen. Mehr als ein Kilometer trennt den Stadtrainsee im Park vom Aufstieg zum Baumkronenweg. Der Weg ist das Ziel, sagt man. Das stimmt in diesem Fall zwar nicht ganz, aber der Weg gehört auf jeden Fall zum Erlebnis dazu. Er ist gespickt mit spannenden Spielereien, Wissenswertem über Flora und Fauna und mit witzigen Ideen. Da hängt zum Beispiel ein merkwürdiges Quadrat in den Bäumen, fast wie ein leerer Bilderrahmen. Gegenüber lädt eine kleine Tribüne zum Sitzen ein. Kaum hat man Platz genommen, erkennt man im Bild die Kastelburg, Waldkirchs Wahrzeichen. Das ist Fernsehen einmal anders! Die Naturspielereien versüßen den Aufstieg vor allem für Kinder. Aber auch Erwachsene haben ihren Spaß am Früchte-Erschnuppern und Tierspuren-Entdecken. Oben angekommen, ist die erste Station der Abenteuerpfad. Der führt noch nicht in die Wipfel, sondern über Hängebrücken, wackelige Stege und Kletternetze von Baum zu Baum. Ein bisschen wie im Dschungel! Und tatsächlich kommt auf den 200 Metern gleich ein wenig Tarzan-Feeling auf. Manchmal kribbelt der Bauch, aber alles ist gut gesichert, nichts kann passieren. Dann ist die Kletterpartie geschafft und weiter geht es auf den Barfußpfad. Natur hautnah – hier ist das wörtlich zu nehmen. Danach fühlen sich die Füße so wohl, als hätten sie eine Reflexsohlenmassage bekommen. Den eigentlichen Höhepunkt heben sich die meisten Besucher bis zum Schluss auf. Den Baumkronenpfad! Er ist zwar nicht sehr lang, aber er führt auf 23 Meter Höhe durch die Wipfel, die im Wind ihr Lied singen. Und ganz am Ende wartet eine fantastische Aussicht bis in die Vogesen. Ja, Aufstieg und Geduld haben sich gelohnt!

TIPP

Keine Lust auf den Abstieg? Dann geht's auch auf der Riesenrutsche abwärts.

Baumkronenweg, Erwin-Sick-Straße (Parkplatz), 79183 Waldkirch, Tel. (0 15 15) 0 40 48 67
www.baumkronenweg-waldkirch.de

ÖPNV: RVF Bus 7201, 7206, Haltestelle Kastellberghalle, ca. 750 Meter Fußweg

Tierisches Wimpernklimpern

27 *Mit Alpakas im Zastlertal wandern*

Ein peruanisches Sprichwort sagt: Schau einem Alpaka nie zu tief in die Augen, du könntest dich verlieben. Wie wahr! Katharina Sandmann im Zastlertal ist genau das passiert. Sie hat sich rettungslos in die flauschigen sanftmütigen Vierbeiner mit den wuscheligen Frisuren und den langen Wimpern verguckt. Dabei fing alles ganz harmlos mit einer Reportage im Fernsehen an. „Ich wollte sie mir danach nur einmal live anschauen", bekennt sie lachend. „Und dann war es um mich geschehen." Was ist nur das Besondere an diesen Tieren? Warum kann ihnen niemand widerstehen? „Das hat tausend Gründe!" Katharina Sandmann strahlt. „Sie sind unglaublich attraktiv und weich. Sie sind cool – weder schreckhaft noch nachtragend. Alpakas können das ganze Jahr über draußen bleiben, und sie haben keinen strengen Eigengeruch." Außerdem kommen ihre Jungen ausschließlich um die Mittagszeit und bei Sonnenschein zur Welt. Das haben sie sich in ihrer rauen Umwelt in den Anden so antrainiert. Bei den Sandmanns gibt es eine Mädels- und eine Jungs-WG. Gewandert wird mit den Jungs, denn die Damen sind elfeinhalb Monate trächtig. Wandergruppen wären ihnen da zu stressig. Die Jungs hingegen lieben die Abwechslung! Bevor es losgeht, erhalten alle Teilnehmer eine Einführung, bei der sie erfahren, was die Tiere mögen und was nicht. Alpakas sind nicht scheu und ziemlich neugierig – aber Streicheleinheiten lieben sie nur am Hals. Sie spucken hin und wieder, aber nur auf ihresgleichen. Die Wanderung ist etwa vier Kilometer lang und führt durch herrliche Landschaften. Unterwegs lernt man die Tiere immer besser kennen. Zurück am Hof strahlen alle Wanderer. Die Alpakas denken dann nur noch an das eine: ans Futter. Im Lädele auf dem Hof gibt es für die Zweibeiner handgestrickte Pullover, Kissen und Accessoires aus der feinen, weichen Wolle der großäugigen Glückstiere. Dafür hat Katharina Sandmann gelernt, ihre Alpakas fachgerecht zu scheren. „Nur das Spinnen überlasse ich anderen", lacht sie.

Zastlertal Alpaka, Eckweg 1a, 79254 Oberried, www.zastlertal-alpaka.de

ÖPNV: RVF Bus 271, Haltestelle Zastler Winterhaldenhof, ca. 350 Meter Fußweg; RVF Bus 7215, Haltestelle Oberried Adler, ca. 1,8 Kilometer Fußweg

Zum Staunen und Schwärmen

28 *Landpartie ins Bienenkundemuseum im Münstertal*

Erst im zarten Alter von 90 Jahren diktierte Karl Pfefferle seinen Angehörigen das enorme Wissen über die Honigbiene und ihre Haltung, das er sich im Laufe seines Lebens angeeignet hatte. Ein Glücksfall! Seine Aufzeichnungen dienen heute als spannender Museumsführer. Der leidenschaftliche Imkermeister hatte gemeinsam mit Gleichgesinnten in den 70er-Jahren die einzigartige Ausstellung im Münstertäler Ortsteil Spielweg aufgebaut. Heute ist das rein ehrenamtlich geführte „Bienenhaus" weltweit eines der größten und beeindruckendsten seiner Art. Auf zwölf Räume verteilt, finden sich liebevoll arrangierte szenische Darstellungen, über 1500 Schaustücke und ganz viel Wissenswertes über die Wunderwelt der Bienen. Schon in der Steinzeit wussten die Menschen den süßen Nektar zu schätzen. Felsmalereien aus Spanien und Südafrika zeigen unsere Vorfahren beim Honigraub. Im Mittelalter gab es dann bereits eine eigene Zunft für die Zeidler, wie die Imker damals hießen. Das Museum zeigt Werkzeug und Bekleidung dieser Männer sowie frühe Bienenbehausungen. Bevor der klassische Korb in Mode kam, wohnten die Völker oft in sogenannten Klotzbeuten, abgesägten Baumstämmen mit künstlichen Hohlräumen. Ihre Wertschätzung wird an der humorvollen Bemalung deutlich. Das fröhliche Summen der fleißigen Insekten sorgte schon damals für gute Laune! Die spielerische und ansprechende Präsentation der Exponate lässt die Informationsfülle zu keiner Zeit trocken erscheinen. Ein Höhepunkt ist sicherlich das Bienenvolk hinter Glas, dessen emsiges Treiben sich beobachten lässt, ohne die Tiere dabei zu stören. Die Königin ist farbig markiert, sonst könnte man sie trotz ihrer Größe im Gedränge leicht übersehen. Um sie herum wuseln die Arbeiterinnen. Immer herrscht ein reges An- und Abfliegen. Nach einem Besuch in diesem Museum dürfte dann jedem klar geworden sein, warum es so wichtig ist, die wundervollen Tiere zu schützen. Sie erhalten unsere Natur und lassen die Erde blühen.

TIPP Nur wenige Meter entfernt, kocht die Fernseh- und Spitzenköchin Viktoria Fuchs im Hotel-Restaurant Spielweg.

Bienenkundemuseum, Spielweg 55, 79244 Münstertal, Tel. (0 76 36) 79 11 05
www.bienenkundemuseum.de
ÖPNV: RVF Bus 291, Haltestelle Spielweg, ca. 300 Meter Fußweg

24a
Reinigungskrücken

Zauberhafter Moorsee

29 *Winterspaß am Mathisleweiher von Hinterzarten*

Diese Stille! Der Schnee dämpft alle Geräusche, ein wahrhaft himmlischer Friede liegt über der weißen Pracht. Auf leisen Sohlen stapfen wir über die Schneedecke und hinterlassen unsere Spuren direkt neben den Abdrücken von Hasen und Rehen. Es kommt bei dieser Tour nicht auf das Tempo an, nicht auf die Leistung. Nur das Naturerlebnis zählt. Winterwandern ist pure Entschleunigung. Und während der idyllische Mathisleweiher im Sommer kein echter Geheimtipp mehr ist, liegt er im Winter verträumt und einsam da, wie ein dunkles Auge in unberührter Landschaft. Die Wanderung beginnt am Kurhaus in Hinterzarten und führt zunächst Richtung Silberberg zum Mathislehof. Ja, diesem „Mathisle" begegnet man hier immer wieder. Wer das wohl war? Mathias Benitz hießen gleich mehrere Bauern des Hofes – und nach ihnen sind sowohl der Weiher als auch die nahe Mühle, die heute im Besitz der Universität Freiburg ist, benannt. Der Demeterhof bietet Vespermöglichkeiten, zum Beispiel Käse aus eigener Herstellung, und köstlichen selbst gemachten Apfelsaft. Falls der Hunger schon gestillt ist, gibt es die Erzeugnisse im kleinen Hofladen auch zum Mitnehmen. Dann geht es weiter Richtung Silberberg, bis zur Abzweigung zum Weiher. Er wird vom Zartenbach und einem weiteren namenlosen Bächlein durchflossen, die ihm Frischwasser zuführen. Die dunklen Tannen an seinen Ufern, der Schnee, der blaue Winterhimmel – es ist fast kitschig schön, und die Seele gerät ins Schwingen. Nach der Rast führt der Rückweg ein Stück am Ostufer entlang und stößt schließlich auf den Emil-Thoma-Weg. Dem verschneiten Wald wohnt ein ganz besonderer Zauber inne. Es ist fast, als hätte der Winter einen eigenen Klang, eine leise Melodie, die von klirrender Kälte singt, von eisiger Luft und von dem Sonnenlicht, das die Eiskristalle zum Strahlen und zum Tanzen bringt. Der Weg führt nun über den Ortsteil Oberzarten zurück zum Ausgangspunkt. Knappe acht Kilometer waren es nur, aber sie haben eine atemberaubende, schimmernde Winterwunderwelt eröffnet.

Mathisleweiher, 79856 Hinterzarten
ÖPNV: S 1, 10, 11 bis Bahnhof Hinterzarten, ca. 100 Meter Fußweg bis Kurhaus

Im Reich der Blüten

30 *Eine Blumenwerkstatt im Glottertal*

Blumen sind für die Floristin Karin Reinwarth eine Herzensangelegenheit. Sie schenken Lebensfreude und verleihen dem Alltag ein Stück Poesie. Sie verwöhnen Augen und Nase mit ihrer Farbenpracht und ihrem Duft. Ein Naturstrauß, ein Blütenkranz oder ein floraler Vorhang bescheren den eigenen vier Wänden ein Stück Seele. Karin Reinwarth arbeitet in ihrem Blütenreich im Glottertal mit Wildblumen, die sie selbst sammelt. Vor der Haustür wächst so vieles – und wer ein wachsames Auge dafür hat, entdeckt im Blätterrausch und auf der Blumenwiese die schönsten Schätze der Natur. Für die Floristin ist es selbstverständlich, dabei achtsam vorzugehen, die Plätze regelmäßig zu wechseln und behutsam zu schneiden. „Ich habe mich immer weitergebildet", erzählt sie. „Habe eine Heilpflanzenlehre und eine Ausbildung zur Feng-Shui-Beraterin absolviert. So bleibt man offen, findet immer wieder einen neuen Blick auf die Dinge." In der Blumenwerkstatt teilt Karin Reinwarth ihr Wissen mit Gleichgesinnten. Die Heilkräuterkurse beschäftigen sich mit dem, was saisonal gerade wächst, mit Löwenzahn oder Giersch, Gänseblümchen oder Bärlauch, Johanniskraut oder mit fast vergessenen Kräutern wie dem Mädesüß. Auch die Floristikkurse bleiben dem Motto treu: So natürlich wie möglich. Äste, Gräser, Blüten, Beeren, getrocknetes Obst oder Gemüse. Ein Windlicht aus Erika? Oder ein Adventskranz aus Eukalyptus und Silberpappel? Sogar eine Chilischote macht sich gut im Gesteck! Natürlich hat nicht jeder die Geduld, seinen eigenen Blumenschmuck herzustellen. Macht nichts. Im Laden gibt es klassische Sträuße oder raffinierte Besonderheiten wie Heublütenkissen, floralen Wandschmuck und Blumentörtchen. Laden und Werkstatt befinden sich in einer ehemaligen Bäckerei, und die Floristin würdigt das mit nostalgischen Anspielungen auf die Geschichte des Hauses. „Das ist meine Art der Wertschätzung", erklärt sie. Und dann widmet sie sich wieder den Blüten, die auf dem Werktisch liegen, denn ihre geschickten Hände stehen nur selten still.

Blumenwerkstatt Blütenreich, Talstraße 74, 79286 Glottertal, Tel. (01 62) 8 22 32 43
www.bluetenreich.info

ÖPNV: RVF Bus 7205, Haltestelle Glottertal Sportplatz, ca. 140 Meter Fußweg

Gute Laune

Vorhang auf!

31 *Hochgefühl in Auerbachs Kellertheater in Staufen*

Lange hält der begeisterte Applaus an, nur zögerlich erheben sich die Gäste. Die meisten von ihnen sind nicht zum ersten Mal hier und werden auf jeden Fall wiederkommen. Denn die Faustadt Staufen besitzt etwas, was kaum eine andere Stadt dieser Größe ihr Eigen nennen kann: Ein Theater, das weit über die Ortsgrenzen hinaus bekannt ist. Kein großes Haus zwar, dafür ein Gewölbekeller, der es in sich hat. Auerbachs Kellertheater lebt von, mit und durch seinen leidenschaftlichen Gründer Eberhard Busch und seine Frau Jasmin. Jedes Jahr bringen die beiden mehrere neue Produktionen auf die Bühne, vom klassischen Drama über Komödien und Lustspiele bis hin zu modernen Stücken und Eigenproduktionen aus der Feder von Eberhard Busch. Er ist ein wahrer Tausendsassa, dieser jung gebliebene Theatergründer! Sein Leben verlief bunt und niemals gradlinig. Er war schon Schriftsetzer, Discjockey, Souffleur und Glaswarenverkäufer auf italienischen Wochenmärkten. Aber seine Liebe zum Theater setzte sich stets durch. Im Laufe seines Lebens hat er so viele Rollen gespielt, dass er sie nicht mehr zählen kann. 1987 verwirklichte er sich mit Auerbachs Kellertheater einen lang gehegten Traum. Im alten Schnapslager der Schladerer-Brennerei haben mittlerweile über hundert Inszenierungen für wunderbare Momente und atemlose Spannung auf der Bühne gesorgt. Mitarbeiter gibt es fast keine. Eberhard Busch ist gleichzeitig Regisseur, Intendant, Bühnenbildner, Tontechniker und Schauspieler. Seine Frau Jasmin verleiht den weiblichen Rollen ihre Präsenz und lässt als studierte Pianistin auch gern die Tasten tanzen. So bunt wie das Repertoire ist auch das Publikum. Wenn sich Menschen in den Gewölbekeller verirren, die nicht zum klassischen Theaterpublikum gehören, freut sich Eberhard Busch ganz besonders. Anspruchsvoll und intelligent soll seine Bühne zwar durchaus sein, aber nicht intellektuell abgehoben. Theater muss schließlich Spaß machen!

Auerbachs Kellertheater, Auf dem Rempart 7, 79219 Staufen im Breisgau, Tel. (0 76 33) 50 03 50 www.auerbachs-kellertheater.de

ÖPNV: S3 ab Bad Krozingen; RVF Bus 7240, Haltestelle Bahnhof Staufen, ca. 450 Meter Fußweg

von Goethe

32 *Der rätselhafte Balzer Herrgott bei Gütenbach*

Obwohl alle Bänke auf der kleinen Lichtung besetzt sind, ist es still. Die Menschen schweigen – oder sie sprechen nur leise miteinander. Einige betrachten die mächtige Weidbuche mit dem steinernen Christuskopf in ihrer Mitte mit verklärtem Gesichtsausdruck. Egal ob religiös oder nicht, der Balzer Herrgott bei Gütenbach verzaubert so ziemlich jeden. Für die einen ist er eine Art Wallfahrtsstätte, für andere einfach nur ein mystischer Ort, der zur Besinnung einlädt. Um die Christusfigur, die fast vollständig vom Holz der mindestens zweihundert Jahre alten Buche umwallt ist, ranken sich unzählige Sagen und Legenden. Stammt das Kreuz mit dem Herrgott aus einem Kloster? Oder haben es französische Hugenotten auf der Flucht verloren? Eine mündliche Überlieferung erzählt, dass es sich um das Hofkreuz des einstigen Königenhofes im Wagnertal handelt, der 1844 unter einer Lawine begraben wurde. Dabei verlor die Christusfigur angeblich Arme und Beine. Irgendwann zwischen 1870 und 1900 befestigte jemand das Kreuz an der Buche. Historische Fotografien zeigen fortan die geheimnisvolle Veränderung. Im Laufe der Zeit schien der Herrgott ganz im Baum zu verschwinden. Ein Schnitzer legte Kopf und Brust wieder frei, weitere Restaurierungen folgten. Heute wird der Balzer Herrgott von einer fast herzförmigen Verdickung der Rinde umgeben. Der Anblick des wundersamen Baumes lässt wohl keinen Betrachter kalt. Auch wenn sich die Entstehung des Mirakels erklären lässt, ist die Verschmelzung von Natur und Menschenwerk einzigartig. Alles ist ein Teil der Schöpfung, verrät uns der Bildstock im Baum. Sie umarmt uns, schützt uns und ist auf Dauer stärker als alles andere. Besonders gut lässt sich die Magie des Ortes bei einem Picknick genießen. Buchfinken, Amseln und Rotkehlchen untermalen die Rast mit einem fröhlichen Choral. So gestärkt, machen sich Wanderer auf den Weitermarsch, Ausflügler kehren mit frisch getankter Kraft in den Alltag zurück.

TIPP Empfehlenswerte Wanderung: die Balzer Herrgott-Runde ab Felsenkeller Gütenbach.

Balzer Herrgott, 78148 Gütenbach

ÖPNV: RVF Bus 7272, VSB Bus 7270, Haltestelle Gütenbach Rathaus, ca. 2 km Fußweg

Natur schmecken

33 *Zu Besuch beim Kräuterwieble am Krummholzenhof*

Sobald im Frühjahr die ersten Wildkräuter ihre zarten Triebe aus der Erde kringeln, geht bei Gertrud Kaltenbach auf dem malerischen Krummholzenhof bei St. Märgen die Hauptsaison los. Als „Kräuterwieble“ begleitet sie ihre Gäste in die Natur und präsentiert deren Schätze bei geführten Wanderungen. Aber zuvor gibt es auf dem Hof ein Begrüßungsgetränk – je nach Jahreszeit Sekt mit Holunderblüten oder Rosenblättern. Schließlich sollen sich die Neuankömmlinge gleich pudelwohl fühlen! Das fällt in dem paradiesischen Ambiente wahrlich nicht schwer. Die liebevolle Dekoration, die bunten Kräutergärten, die pittoreske Landschaft tragen sofort dazu bei. Gertrud Kaltenbach selbst auch: Mit ihrer offenen, klugen und bodenständigen Art erobert sie die Herzen ihrer Gäste im Nu. Die Kräuterwanderung führt auf eine ganz spezielle Wiese, nicht weit vom Hof. Ein wildes Fleckchen Erde ist das, auf dem viele gewöhnliche und auch einige ungewöhnliche Pflanzen wachsen, wie das Wieble weiß. Ihre Kenntnisse hat sie durch jahrelanges Sammeln und Ausprobieren erworben. Das will sie auch ihren Teilnehmern auf den Wanderungen vermitteln: selbst lernen, den eigenen Geschmack erkunden, die persönlichen Lieblingskräuter herausfinden. „Bei mir ist es die Zitronenverbene“, erklärt Gertrud Kaltenbach mit feierlichem Unterton. „Die gibt so manchem Gericht und vielen Tees das gewisse Etwas, das letzte Quäntchen zum perfekten Glück.“ Sie gibt nicht alle ihre Geheimnisse preis. Aber ein paar ihrer Rezepte verrät sie den Teilnehmern schon. Denn im Anschluss an die Wanderungen wird in der urigen Schwarzwaldküche aufgetischt, was die Natur geschenkt hat: Suppe, Kräuterbutter, Salat mit Blüten und eventuell sogar die köstliche Unkrautbowle. „Wenn meine Gäste nach dem Spaziergang und der Mahlzeit gelernt haben, dass man mit relativ wenig etwas richtig Leckeres und Gesundes zubereiten kann, dann habe ich mein Ziel erreicht“, strahlt das Kräuterwieble.

TIPP Balsam für die Füße: wohltuende Kräuterfußbäder im Garten des Krummholzenhofs.

S’ Kräuterwieble Gertrud Kaltenbach, Krummholzenhof, 79274 St. Märgen-Schweighöfe, Tel. (0 76 69) 7 60 , www.kraeuterwieble.de

Kein Anschluss an den ÖPNV. Für die Anfahrt die Tipps auf der Website beachten!

Die rechte Balance finden

34 *Ein Wohlfühltag im Badenweiler Park der Sinne*

Sehen, Hören, Schmecken, Fühlen und Riechen – mit unseren fünf Sinnen nehmen wir die Umwelt wahr und erleben den Alltag. Meist tun wir das unbewusst, denn ab einem gewissen Alter verlernen wir, wie lustvoll es sein kann, beispielsweise in eine Pfütze zu springen oder Regentropfen mit der Zunge aufzufangen. Erst wenn die Sinne aus dem Takt geraten, wird uns klar, wie wichtig das innere Gleichgewicht für ein erfülltes Leben ist. Im Park der Sinne in Badenweiler lässt sich dies hervorragend und lustvoll trainieren! Man bewegt sich nicht nur in einer harmonischen Landschaft mit ruhestiftender Wirkung, sondern begegnet an zweiundzwanzig Stationen sich selbst und seinen vielfältigen Empfindungen. So manches Erlebnis löst Staunen aus, alle vermitteln Freude an der eigenen Wahrnehmung, dem Bewusstwerden der spürbaren Eindrücke. Der Park ist in vier thematische Achsen aufgeteilt. Die Sehachse: Schönheit, optische Täuschung, schöpferischer Blick – die sieben Stationen setzen sowohl das äußere als auch das innere Auge in Aktion. Gleichgewichts- und Tastachse: Die Balance finden, gehört zu den größten Herausforderungen des Alltags. Ein Barfußparcours bietet Tasterlebnisse für die Füße, auf einer großen Scheibe wird um ein schwebendes Gleichgewicht gerungen. Die Erlebnisse der Resonanz- und Hörachse setzen innere Stille voraus. Nur im Miteinander entfaltet sich das Einvernehmen. Besonders beeindruckend vermittelt dies die Partnerschaukel. Immer nur eine von zwei Personen kommt schwungvoll nach oben, während die andere warten muss, bis sie wieder an der Reihe ist. Bei den vier Stationen der Ich-Achse geht es schließlich um die Begegnung mit sich selbst. Ein Labyrinth lädt dazu ein, neue Wege zu beschreiten, Irrwege zuzulassen, tief ins Innere zu gelangen. Die Duftorgel hingegen küsst mit ihren Aromen ganz individuelle Gefühle wach, weckt vergessene Erinnerungen. Die viel zitierte Achtsamkeit – was ist sie anderes als der Genuss des Lebens mit allen Sinnen?

TIPP In den Sommermonaten finden Führungen durch den Park statt.

Park der Sinne, Oberer Kirchweg, 79410 Badenweiler
www.badenweiler.de
ÖPNV: RVF Bus 111, Haltestelle Vitteler Platz, ca. 300 Meter Fußweg

Hochprozentiges Glück

35 *Edelbrände vom Buckhof in Freiamt*

„Garten- und Landschaftsbau“ steht an der Einfahrt zum Buckhof in Freiamt. Da deutet noch nichts auf das großartige Erlebnis hin, das der parkähnliche Hof beim Betreten bietet. „Klara Glatz ist noch unterwegs“, erklärt eine freundliche Mitarbeiterin. „Aber Ruby führt euch so lange herum.“ Aha. Und wer ist Ruby? Ein großer weißer Hund, wie sich herausstellt. Und richtig, er begleitet seine Gäste durch die Gärten des vierhundert Jahre alten Gemäuers. Ein bisschen stolz, wie es scheint. Für die stilvolle, detailverliebte Gestaltung des Gartens, der sich über etliche Terrassen erstreckt und einen herrlichen Ausblick über Ottoschwanden bietet, ist der Herr des Hauses zuständig. Er hat auf einem brach liegenden Stück Land im Laufe von einigen Jahren ein wahrhaft paradiesisches Fleckchen erschaffen. Die hochprozentigen Genüsse stammen hingegen von Klara Glatz. „Auf dem Hof lag ein altes Brennrecht“, erklärt die quirlige Edelbrand-Sommelière. „Das wollte ich nicht verlieren. Und obwohl ich meinem Großvater schon früh beim Brennen über die Schulter geschaut habe, wollte ich das Handwerk von der Pike auf lernen.“ So begann eine großartige Erfolgsgeschichte. Auf Anhieb gewann Klara Glatz Preise – und seither verging kein Jahr ohne eine Prämierung ihrer Erzeugnisse. Später absolvierte sie noch eine Ausbildung zur Sommelière. Was ist ihr Erfolgsrezept? Vielleicht die traumhafte Umgebung, in der sie arbeitet. Mit Sicherheit ihre Wertschätzung regionaler Zutaten. „Wir dürfen nicht verlernen, einen frisch gepflückten Apfel kostbarer zu finden, als jede Süßigkeit mit künstlichen Aromastoffen!“ Jeden ersten Freitag im Monat kann man Klara Glatz auf dem Freiämter Bauernmarkt bei der Arbeit zuschauen. Ihre Brände, Liköre und der Gin sind dort oder direkt auf dem Buckhof erhältlich. Wer vorbeikommen möchte, meldet sich am besten telefonisch an. Der Streuobstapfeltrester – fruchtig wie frisch vom Baum. Der Erdbeerbrand zaubert den Frühling auf die Zunge. Und der Himbeerlikör – ohne Zweifel, ein Gläschen flüssiges Glück!

Buckhof/Klara Glatz, Buckhof 1, 79348 Freiamt, Tel. (07 64 59) 4 45
www.klara-glatz.de
ÖPNV: RVF Bus 211, 231, Haltestelle Buckhof/Salzer, ca. 300 Meter Fußweg

C. H. VAN DEN BERG B.V.

Geballte Kraft

36 *Sonnenuntergang am Großen Kandelfelsen*

Man nennt ihn den Berg der Kräfte und schreibt ihm magische Macht zu. Auch das geflügelte Wort vom Blocksberg des Schwarzwaldes ist bis heute in aller Munde. Dass sich die Hexen dort oben auf Waldkirchs Hausberg zum wilden Tanz treffen, stand für die Menschen der frühen Neuzeit noch außer Frage. Nahrung erhielt die uralte Legende, als im Jahr 1981 ein riesiger Steinbrocken, die sogenannte Teufelskanzel, vom Kandelfelsen abbrach und mit großem Getöse in die Tiefe stürzte. Und das ausgerechnet in der Walpurgisnacht, am 30. April! Konnte das mit rechten Dingen zugegangen sein? Als sich dann auch noch ein Reisigbesen zwischen den Felstrümmern fand, nahmen die Mutmaßungen kein Ende … Unzählige Wanderwege führen auf den 1.241 Meter hohen Gipfel. Für Romantiker, Kletterer, Abenteuerlustige (und moderne Hexen) ist der Kandelfelsen auf etwa 1.100 Meter Höhe aber das spannendere Ziel. Der Weg dorthin lohnt sich besonders am Abend. Bei entsprechender Wetterlage gibt es keinen besseren Platz, um einen spektakulären Sonnenuntergang zu erleben. In leuchtenden Orange-, Rot- und Goldtönen setzt sich der versinkende Tag ein letztes Denkmal – und mit vielen glücklichen Seufzern verabschieden die faszinierten Zuschauer den roten Feuerball, wenn er hinter den Vogesen entschwindet. Wagemutige Kletterer genießen die atemberaubende Aussicht auch gerne mal direkt am Felsen angeseilt. An Wochenenden ist man vermutlich nicht allein dort oben. Wer es also ruhig, einsam oder zweisam mag, sollte unter der Woche kommen. Man muss auch nicht das Abenteuer suchen, sondern kann einfach ein Fläschchen Rotwein mitbringen und die Bereitschaft, sich auf die mystische Stimmung einzulassen. Eine vage Sehnsucht im Herzen stellt sich dann ganz von alleine ein. Eine Sehnsucht nach der Verbundenheit mit der Natur, eine Sehnsucht, die uns bewegend schön die unvergängliche Anmut unserer Erde vor Augen führt.

TIPP Am Großen Kandelfelsen gibt es auch Startplätze für Drachen- und Gleitschirmflieger.

Großer Kandelfelsen, 79183 Waldkirch

ÖPNV: RVF Bus 7205, Haltestelle Kandel Rasthaus, ca. 1 Kilometer Fußweg

Eine runde Sache

37 *Am Kirnbergsee bei Bräunlingen-Unterbränd*

Er gilt als die wärmste Badewanne des Schwarzwaldes. Schon im Frühsommer klettern die Wassertemperaturen häufig über die 20-Grad-Grenze. Doch das ist längst nicht alles, was den Kirnbergsee in Unterbränd auszeichnet. Umrahmt von Blumenwiesen und Wäldern bietet er auf 785 Metern Höhe so ziemlich alles, was einen angenehmen Urlaubstag ausmacht. In den Jahren 1921/22 staute man den Brändbach zur Stromerzeugung – und der See entstand. Heute ist er ein Bilderbuchbeispiel dafür, wie Nützliches mit Schönem, wie menschliche Interessen mit Naturschutz vereint werden können. Er ist ein herrliches Naherholungsgebiet, Brutplatz für Wasservögel und Rückzugsgebiet für Amphibien und seltene Pflanzen.

Unser Urlaubstag beginnt mit einer Seeumrundung. Zweieinhalb Kilometer lang ist der Uferweg. Am besten startet man am Parkplatz und läuft gegen den Uhrzeigersinn. Immer wieder gibt der dichte Schilfgürtel schmale Wege frei, die zu versteckten Strandabschnitten führen. Plötzlich steigt der Pfad bergauf zu einem Picknickplatz mit großartigem Blick über den gesamten See. Jetzt ist es auch nicht mehr weit bis zur Staumauer. Wer ganz genau hinschaut und ein bisschen vom Weg abweicht, entdeckt an dieser Stelle sogar noch ein paar spärliche Überreste der einstigen Burg Kirnberg. Die Staumauer macht da allerdings mehr her! Das nächste einladende Ziel ist auch schon ganz nah: Mit großer Terrasse lockt das Strandcafé. Ein Eis oder einen Latte gefällig? Na klar! Mit Blick auf den See natürlich! Nach der Stärkung geht es auf dem Uferweg weiter, der sich nun ein wenig vom Wasser entfernt. Hier liegen die Laichplätze und Ruheinseln für Lurche und Vögel. Je nach Tageszeit hört man das Schnattern von Gänsen, den Ruf der Blässhühner, Insektensummen oder das Quaken der Frösche. Schließlich rückt der See wieder näher und wir erreichen die schönsten Strandplätze. Das Bad im warmen Wasser und das Entspannen auf der friedlichen Liegewiese haben wir uns jetzt wahrlich verdient!

TIPP

Sehr guten Kuchen gibt es im nahe gelegenen Gasthaus Sternen in Unterbränd.

Kirnbergsee, 78199 Bräunlingen-Unterbränd
www.kirnbergsee.de
ÖPNV: VSB Bus 870, Haltestelle Unterbränd, Kirnbergstraße, ca. 500 Meter Fußweg zum See

Wo tausend Sternlein stehen

38 *Übernachten im Null-Sterne-Hotel bei Buchenbach*

Nanu? Was ist das? Arglose Wanderer dürften sich bei diesem Anblick verwundert die Augen reiben: ein Bett mitten auf der Bergwiese! Das sieht man nicht alle Tage! Die Weide und das sogenannte „Null-Sterne-Hotel" bei Buchenbach gehören dem Landwirt Thomas Schuler. Aber die Bezeichnung *Null Sterne* trügt, denn sie bezieht sich nur auf die klassischen Hotelstandards. Sobald die Nacht hereinbricht, leuchten den Insassen dieses außergewöhnlichen Bettes nämlich alle Sterne am Firmament. Bevor es so weit ist, darf man aber die grandiose Aussicht über die Schwarzwaldhöhen genießen. Bei klarer Luft reicht sie bis in die Vogesen. Dazu gibt's ein Gläschen Champagner, der gehört zum Rundum-Wohlfühl-Paket des Gastgebers dazu. Möglicherweise bekommt man nachts sogar Besuch – von den Schafen, die hier oben frei grasen dürfen. Die Kühe auf der Nachbarweide sind auch nicht weit entfernt, aber sie sind durch einen Zaun vom Bett getrennt. Ob schon einmal jemand vor Krabbeltieren oder den Geräuschen des nahen Waldes die Flucht ergriffen hat? Nein, sagt Thomas Schuler. Anfängliche Bedenken haben sich noch jedes Mal in Wohlgefallen aufgelöst. Die romantische Stimmung, die würzige Luft und die erhabene Stille begeistern jeden Gast auf der Bergwiese. Am Morgen wird man gemächlich vom ersten Vogelgezwitscher geweckt. Später bringt der Gastgeber ein frisches Bauernfrühstück vorbei – direkt ans Bett, wie sich das gehört. Und wenn es regnet? Dann wird der Termin einfach verschoben. Für unerwartete Wolkenbrüche steht unten am Hof (nur wenige Minuten entfernt) eine Ferienwohnung als Notunterkunft parat. Und für kühlere Temperaturen liegen warme Decken bereit. Gibt es den typischen Null-Sterne-Hotel-Gast? Nein, erklärt Thomas Schuler. Alt und Jung, Städter und Landkinder, Einheimische und Urlauber, alle sind schon da gewesen. Dann zwinkert er. „Aber etwas gibt es schon verhältnismäßig oft: Heiratsanträge!" Kein Wunder. Wenn nicht hier, wo dann?

Null-Sterne-Hotel, Schmiedshäusle, Schweigbrunnenstraße 9, 79256 Buchenbach-Wagensteig, Tel. 01 72-7 42 23 60

Keine Anbindung an den ÖPNV

Very british!

39 *Landhaus Ettenbühl in Bad Bellingen-Hertingen*

Ursprünglich war es nur ein privater Rosengarten. Ein bisschen „erden“ wollten sich Giesela und Alfred Seidel, um Erholung vom Berufsalltag zu finden. Nach und nach entstand dabei auf altem Ackerland ein üppiges Gartenparadies voller Rosen, seltener Sträucher und Gehölze. Mit dem bekannten Gartendesigner John Scarman zog schließlich um die Jahrtausendwende englisches Flair auf dem Landgut ein. Themengärten, alte Rosensorten, ein Hainbuchenlabyrinth, ja, sogar ein Cottage bereicherten alsbald die Anlage. Irgendwann war klar: Für ein privates Hobby war das Projekt viel zu groß geworden. Also öffnete Geschäftsführerin Stefanie Körner das Anwesen für Gäste. Zu den Gärten kamen ein Café-Restaurant, ein Bed & Breakfast und ein schöner Shop mit Gartenzubehör und Geschenkartikeln rund um die Rose. Durch all das weht nach wie vor ein very britisher Geist. Auch durch das Café, das unabhängig von den Gärten besucht werden kann. Am Morgen gibt es English Breakfast, am Nachmittag die original Classic Teatime. Die ist so liebevoll und aufwendig gestaltet, dass eine Voranmeldung nötig ist. Der Five o'Clock Tea war einst ein Privileg der englischen Oberschicht, denn die Teesteuer war so hoch, dass das belebende Getränk nur für Wohlhabende erschwinglich war. Erst später zog der Nachmittagstee in die Alltagskultur der Briten ein. Cream Tea gibt es in Ettenbühl den ganzen Tag über, auch ohne Reservierung. Zwei ofenfrische Scones, Tee nach Wahl, Clotted Cream und je ein Schälchen der vielleicht besten Erdbeer- und Orangenmarmelade außerhalb Großbritanniens. Clotted Cream ist übrigens nicht einfach Schlagsahne, sondern ein köstlicher eingedickter Rahm, der anstelle von Butter dick auf die süßen Scones gestrichen wird. Kalorienreich? Ja, klar. Aber zum Hinschmelzen lecker. Bei gutem Wetter ist der anheimelnde Teegarten die beste Ortswahl, bei kühleren Temperaturen der Tearoom im Restaurant, gemütlich mit Kaminofen. Ein bisschen Cornwall mitten im Markgräflerland!

TIPP

Auch nicht schlecht: Das Picknick im Garten buchen.

Landhaus Ettenbühl, Hof Ettenbühl, 79415 Bad Bellingen-Hertingen, Tel. (0 76 35) 82 79 70 www.landhaus-ettenbuehl.de

ÖPNV: SWEG Bus 4, Haltestelle Hertingen Kinderhaus Engels, ca. 1 Kilometer Fußweg

Quer durch die Erdgeschichte

40 *Mit dem Ranger in die Wutachschlucht*

Sie ist ein wahres Kunstwerk der Natur, die Wutachschlucht mit ihren attraktiven Nebentälern. Bis zu 150 Meter fallen die Felswände an den spektakulärsten Stellen ab. Wild und unermüdlich hat sich der Fluss einen Weg tief ins Gestein gegraben. Granit und Gneis, Keuper und Muschelkalk – der Weg durch die Schlucht ist eine einzigartige Wanderung durch die süddeutsche Schichtstufenlandschaft. Und über den Köpfen bietet ein Dach aus grünem Mischwald zahlreichen Vögeln ein Zuhause. Einer, der die Gegend wie seine Westentasche kennt, ist der Wutachranger Martin Schwenninger. Einmal pro Woche führt er während der Sommermonate wissbegierige Wanderer durch das Herzstück der Schlucht, die Etappe von Bad Boll bis zur Wutachmühle. Dabei beantwortet der gelernte Förster geduldig alle Fragen zur Tier- und Pflanzenwelt, zu Geschichte und Geologie der großartigen Landschaft. „Nur Pilze und Moose sind nicht meine Spezialität", gibt er lachend zu. Die Wanderung beginnt in Boll, von wo es zügig zum Fluss hinuntergeht. Unten angekommen, stößt man auf die Spuren des ehemaligen Kurortes. Nur noch eine verträumte, wildromantische Kapelle erinnert daran, dass hier vor hundert Jahren ein mondäner Badebetrieb herrschte – mit elektrisch beleuchtetem Wasserfall, einer Flusspromenade, Parkanlagen und allem, was zu einem Kurort gehört. Inzwischen hat sich die Natur den Platz zurückerobert.

„Dort vorne ist ein Eisvogel!" Tatsächlich, das orange-blaue Federkleid schimmert farbenfroh durchs Gebüsch. „Den sieht man nicht alle Tage!" Ohne den Ranger würden dem ungeübten Auge viele interessante Details entgehen. Die Ortskenntnis von Martin Schwenninger hat sich herumgesprochen – sogar unter Location-Scouts beim Film. Für die Dreharbeiten zu „Krabat" wusste er den passenden Platz und auch für einen Schwarzwald-Tatort. Nach etwa dreieinhalb Stunden (inklusive Pause) endet die Tour an der Wutachmühle. Von dort fährt in den Sommermonaten ein Bus zurück zum Ausgangspunkt.

Martin Schwenninger, Wutachranger, Tel. 07703/919412
www.schluchtensteig.de

ÖPNV: WTV Bus 7344.1, Haltestelle Boll Ortsmitte (Wanderparkplatz Boll)

Aus gutem Holz geschnitzt

41 *Zeitreise zum Resenhof in Bernau*

Wenn es Winter wurde im Schwarzwald, begann früher die Zeit der Schneflerei. Schnefeln?, werden nun einige fragen. Was ist denn das? Nun ja, ein Handwerk, ein Zubrot, eine Kunst. Heimarbeit mit Holz. In der kalten Jahreszeit, wenn die Landwirtschaft ruhte, stellte man auf den alten Schwarzwaldhöfen allerlei nützliche Gegenstände her: Schindeln, Bürsten, Kochlöffel und Kellen, Butterfässer, Spanschachteln oder Mausefallen. Manche Schnitzer entwickelten dabei eine große Kunstfertigkeit. Im 19. Jahrhundert war Bernau eine Hochburg der Schneflerei. Dort lebte auch der „Rese Hans", einer von 120 Küblern im Tal. Seinen klassischen Eindachhof baute man 1977 zu einem Schwarzwaldhaus- und Schneflermuseum um. Das oft nur mündlich überlieferte Wissen um alte Handwerkskünste droht in modernen Zeiten ja mehr und mehr zu verschwinden. Da ist es wahrlich ein Glück, auf dem Resenhof zu erleben, wie präzise diese Arbeiten einst waren. In dem liebevoll gestalteten Museum fällt das Eintauchen in die Vergangenheit nicht schwer. Holz war über Jahrhunderte hinweg das Gold des Schwarzwaldes. So kostbar, dass man vonseiten des Großherzogtums Baden kahl geschlagene Flächen wieder aufforsten musste, um den Rohstoff nicht zu verlieren. Im vorderen Stall des Resenhofes hängen Unmengen von Bürsten. Flaschenputzer, Möbelstauber, Ofenbürsten – was es nicht alles gibt! Die Hölzlemacher sägten und bohrten die Bürstenhölzer, Schweine und Pferde lieferten die Borsten. In Bernau gab es um die Jahrhundertwende eine Bürstenfabrik, aber noch bedeutender war die Küblerei. Bütten benötigte man schließlich für alles mögliche. Auf der Führbühni, dem Dachboden, parken Fuhrwerke aller Art, sogar eine Leichenkutsche! Die ist ziemlich prächtig anzusehen. Kein Wunder, denn „e gueti Leich", also eine üppige Beerdigung, half nach damaligem Verständnis sowohl dem Verstorbenen als auch den Hinterbliebenen beim Abschiednehmen.

TIPP **Jedes Jahr im Sommer: die Holzschneflertage mit Kunsthandwerk und Vorführungen.**

Holzschneflermuseum Resenhof, Resenhofweg 2, 79872 Bernau, Ortsteil Oberlehen, Tel. (0 76 75) 16 00 40
www.bernau-schwarzwald.de/eip/pages/resenhof.php

ÖPNV: WTF Bus 7321, Haltestelle Bernau Oberlehen Thomahaus, ca. 130 Meter Fußweg

Morgenstille überall

42 *In der Kniesteinkapelle von Schweighausen*

Kapellen sind Orte der inneren Einkehr. Der Ruhe. Sie dienen dem Kraftsammeln, dem Auftanken und der Begegnung mit sich selbst. Es ist kein Zufall, dass sie häufig an ganz besonders friedvollen und beschaulichen Stellen errichtet werden. Auf der Wiese, im Wald oder auf dem Berg. An Orten, die eine gewisse Magie ausstrahlen, zur Besinnung und dem Rendezvous mit der Natur einladen. Sie sind Stätten der Meditation und des Verschnaufens. All dies trifft auch auf die Kniesteinkapelle in Schweighausen zu. Besonders mystisch mutet sie in den frühen Morgenstunden an, wenn die ersten Sonnenstrahlen sie streicheln. Etwa eine halbe Stunde ist man vom Pfingsteck aus unterwegs, bis man die Kapelle unterhalb des Hünersedels erreicht. Der Weg führt durch den stillen Wald, nur das Morgenlied der Vögel begleitet den Spaziergang. Ihren merkwürdigen Namen verdankt die Kapelle einer Legende. Schon in grauer Vorzeit war der Ort eine Wallfahrtsstätte, erste Überlieferungen stammen aus dem 9. Jahrhundert. Damals stand hier nur ein Holzkreuz, und ein Einsiedler lebte in der Nähe, um auf einem Stein zum Gebet niederzuknien. So entstanden im Laufe der Zeit zwei tiefe Einbuchtungen auf diesem Stein, die von der Frömmigkeit des Mannes zeugten. Mehrmals, so heißt es, versuchte man später, den Kniestein zur St.-Anna-Kapelle ins Dorf zu bringen, aber auf unerklärliche Weise wanderte er über Nacht stets zurück auf die Lichtung beim Feldkreuz. Auch hörte man aus dem Wald häufig einen lieblichen Gesang, der die Menschen zur Wallfahrt einlud. Im Jahr 1866 ließ der Pfarrer Johann Baptist Glatz schließlich die heutige Kapelle errichten. Vor dem Eingang wacht noch immer der Stein mit seinen beiden Mulden.

Während die Sonne nun langsam höhersteigt, beginnt der neue Tag mit frischer Lebensfreude. Wer jetzt all seine Sinne öffnet, der hört ihn vielleicht sogar: den lieblichen Gesang aus dem nahen Wald, der die Menschen schon früher hierherlockte!

Kniesteinkapelle, 77978 Schuttertal, Ortsteil Schweighausen

ÖPNV: RVF Bus 211, 213 Haltestelle Hintere Höfe, ca. 1,5 Kilometer Fußweg bis Pfingsteck, ca. 3 Kilometer Fußweg bis Kniesteinkapelle

Zurück in die Kindheit

43 *Im Dorfschulmuseum von Badenweiler*

„Die Kinder haben pünktlich, an Körper und Kleidung anständig, mit den erforderlichen Schulsachen versehen, in dem Schulzimmer zu erscheinen, sich sofort an ihre Plätze zu setzen und alles zum Unterricht Nötige in Bereitschaft zu legen." So steht es in der Schulordnung von 1883, und so hält es auch der gestrenge Dorfschullehrer Bernd Schneider, wenn er eine Schulstunde anno 1900 abhält. „Ottokar! Schon wieder zu spät!" Der so genannte Mittvierziger dreht sich irritiert um. Aber kein Zweifel: Er ist gemeint! Er heißt zwar weder Ottokar, noch kam er zu spät, aber das tut der heiteren Unterrichtsstunde keinen Abbruch. Zum Glück hat der unschuldige Sünder wenigstens keine „Tatzen" zu fürchten. Oberlehrer Schneider hat sich zwar in seinen Gehrock gewandet, das Lehrer-Lämpel-Käppi aufgesetzt, und er schwingt sogar den Rohrstock, aber nur zur Show, nicht zum Zuschlagen.

Das Schulmuseum „Großherzogin Hilda von Baden" versteckt sich hinter der hübschen Fassade des ehemaligen Gärtnerhäuschens im Kurpark von Badenweiler. Es beherbergt alte Lehrmaterialien, Fibeln, Karten, ausgestopfte Tiermodelle, Schiefertafeln, Schulranzen, Griffel, Rechenmaschinen und was den Schulalltag früher noch so prägte. All dies erwacht durch den pensionierten Lehrer Bernd Schneider und seine Gattin Ulrike zu neuem Leben. Der arme *Ottokar* ist zum Glück noch einmal mit einem Verweis davongekommen, während das brave Mädchen auf der anderen Seite des Klassenraums ein Fleißkärtchen bekommen hat. Inzwischen steht Singen auf dem Lehrplan, und alle Schüler schmettern das Badnerlied. In einer Ecke der Stube steht ein Bett – darin musste der Hilfslehrer schlafen. Auf der anderen Seite befindet sich die Eselsbank. Dort hatte der schwächste Schüler Platz zu nehmen, mit einer Eselsmaske auf dem Kopf. Pädagogisch wertvoll? Wohl kaum. Der Ausflug in die Kindheit macht dennoch mächtig Spaß. Ach, wäre der Unterricht nur immer so vergnüglich gewesen!

TIPP Auch Einzelpersonen können sich online zu einer Schulstunde einbuchen.

Schulmuseum „Großherzogin Hilda von Baden", Kurpark, 79410 Badenweiler, Tel. (07 81) 4 16 25, Mobil: 0151-55 92 57 99 (Herr Schneider) www.schulstube-badenweiler.de

ÖPNV: RVF Bus 111, Badenweiler Parkplatz West, ca. 500 Meter Fußweg

Freiheit unter Bäumen

44 *Wochenende im Schwarzwaldcamp am Schluchsee*

Jeder Stellplatz hat einen eigenen Namen. Zelte kuscheln sich unter hohe Tannen. Dazwischen Tipis, die an nordische Nomaden erinnern. Und was hängt da in den Bäumen? Sind das etwa auch Zelte? Das Schwarzwaldcamp am Schluchsee ist kein gewöhnlicher Campingplatz. Hier müssen Autos und Caravans draußen bleiben. Hier ist es ein bisschen wie in der Wildnis, nur bequemer. Das Camp liegt inmitten eines großen Waldstücks. Schatten spendet das Kronendach der Bäume. Es gibt urige Nischen, genügend Abstand zu den Nachbarn. Ja, so macht Campen Spaß! Am Waldboden wachsen Heidelbeeren. Die sind natürlich für alle da. Und wer kein eigenes Zelt mitbringt, hat die Wahl zwischen sehr außergewöhnlichen Schlafstätten. Zum Beispiel in den Tipis, sie heißen Alfons, Annele, Paul, Weilems, Moospaul und Heckesepp. Einige sind sogar mit Betten und Küchenausrüstung ausgestattet, alle stehen auf einer hölzernen Plattform, damit sie auch bei Regen trocken bleiben. Keine Wildwestzelte übrigens, sondern die nordische Variante aus Lappland oder Sibirien. Äußerst liebenswert ist auch die kleine Gisela. Sie stammt aus den Schweizer Alpen, wo sie Passagiere auf die Berge gebracht hat. Jetzt bietet die hübsche Gondel zwei Personen einen nicht alltäglichen Schlafplatz. Am abenteuerlichsten sind aber doch die Baumzelte. Wie seidige Kokons schweben sie in der Luft, als wäre es die natürlichste Sache der Welt. Man erreicht sie über eine Strickleiter. Wie es sich darin schläft? Ziemlich losgelöst von der Erde! Bei schönem Wetter, wenn man das Zeltdach abnimmt, die Sterne und die tanzenden Baumwipfel betrachtet, dann ist es ein bisschen wie im Himmel. Das Camp ist nur 200 Meter vom Schluchsee entfernt. Langweilig wird so ein Wochenendtrip also sicher nicht. Wenn es dann dunkel wird im Camp, bricht die Zeit für ein Lagerfeuer an. Sich von den Flammen betören lassen, Lieder singen, den Geräuschen der Nacht lauschen. Mehr Campingromantik geht nicht.

TIPP Rafftaff: Paddelkurse und Kanuverleih von Campbetreiber Raphael Kuner.

Schwarzwaldcamp, Gewann Zeltplatz 2, 79859 Schluchsee, Tel. (0 76 56) 9 88 43 48
www.schwarzwaldcamp.com
ÖPNV: S1, S11 bis Bahnhof Schluchsee, ca. 1,3 km Fußweg

Feuer, Licht und Farbe

45 *Das Glashaus in Ballrechten-Dottingen*

Kunst oder Handwerk? Schöne Dinge oder nützliche Gegenstände? Durchsichtig oder bunt? Am besten von allem ein bisschen, sagt Georg Krasztinat, Glasbläser aus Leidenschaft. Gemeinsam mit Andrea Widmann hat er die Galerie Das Glashaus eröffnet. Die beiden wissen ganz genau: Wer in diesem Metier etwas Bedeutendes schaffen will, muss für seine Arbeit brennen. Im wahrsten Sinne des Wortes! Glas ist ein ganz besonderer Werkstoff. Erhitzt lässt es sich dehnen wie Kautschuk, wird zähflüssig wie Honig. Es ist unglaublich vielseitig und viel robuster, als man denkt. Glas übersteht die Jahrhunderte wie kaum ein anderes Material. Wer den Rohstoff sieht, die grauen Pellets, mit denen Krasztinat arbeitet, glaubt kaum, dass daraus später die farbenfrohen Kugeln, die Gläser und Schalen, Bilder und Schmuckstücke entstehen können, die im Schauraum ausgestellt sind. Nein, ausgestellt trifft es nicht ganz. Präsentiert schon eher. In Szene gesetzt. In der Galerie wird die Landschaft vor dem Fenster mit einbezogen, der ganze Raum ist ein Gesamtkunstwerk. „Jedes einzelne Stück hat eine Entstehungsgeschichte", erklärt Krasztinat. Bei Interesse führt er seine Glasbläserkunst auch vor, ganz individuell auf Anfrage. „Und ich biete Schnupperkurse", fügt der Meister hinzu. „Für alle, die es selbst einmal versuchen wollen." Krasztinat und Widmann stellen neben den eigenen Produkten auch Werke befreundeter Glasbläser aus. So lassen sich ganz unterschiedliche Stile entdecken, hergestellt in alten Techniken. „Unsere Kunden kommen, weil sie sich etwas Schönes, etwas Gutes leisten wollen", sagt Krasztinat. „Sie lassen die Magie des Raumes, das Farbenspiel und die Leuchtkraft der Kunstwerke auf sich wirken. Oft nehmen sie sich viel Zeit, um das richtige Stück zu finden." Die Glasbläserei hat im Schwarzwald eine lange Tradition. Im Glashaus begegnet man einer modernen Form dieser alten Kunst, mit einem leichtfüßigen, bunten und sehr fröhlichen Design.

Das Glashaus, Neue Kirchstraße 30, 79282 Ballrechten-Dottingen, Tel. (0 76 34) 59 25 72
www.dasglashaus.com
ÖPNV: RVF Bus 261, Haltestelle Dottingen Winzerstube

Hallo, Rapunzel!

46 *Die märchenhafte Burgruine Bärenfels bei Wehr*

Sie scheint einer Filmkulisse entlehnt, diese malerische Ruine. Genau so würde man sich den Rapunzelturm aus dem Märchen wohl vorstellen. „Lass dein Haar herunter", mag der eine oder andere rufen, wenn er sich unbeobachtet glaubt. Und tatsächlich ranken sich etliche Geheimnisse um die Geschichte der Höhenburg am Eingang zum Wehratal. Wer hat sie erbaut? Und wann? Warum hat sie einen so ungewöhnlichen runden Turm? Die Historiker haben ein paar dieser Rätsel gelöst, aber noch längst nicht alle. Am Turm fallen besonders die sogenannten Kragsteine auf, die sich fast wie Stufen an der Außenmauer entlangwinden. Sie dienten einst der Wasserversorgung. Regenwasser wurde damit in eine Zisterne geleitet, denn einen Brunnenschacht gab es nicht. Lange Zeit dachte man, die Burg sei zwischen dem 11. und 13. Jahrhundert erbaut worden, doch vermutlich ist sie hundert Jahre jünger. Damals war sie unter dem Namen Steinegg bekannt. Bewohnt wurde sie nur ein paar Jahrzehnte lang, dann übernahm das Rittergeschlecht der Bärenfelser aus Basel das Gemäuer. Die Burg änderte ihren Namen, gleichzeitig begann ihr Verfall. Während viele Mauern bröckelten, hielten die massive Schildmauer und der runde Wehrturm jedoch stand. Und als im 19. Jahrhundert die Burgenromantik einsetzte, schlug die zweite Stunde der hübschen Ruine. Man schuf über die Mauerkrone einen neuen Zugang zum Turm, später wurde die Anlage mehrfach renoviert. Oben am Bergfried erwartet den Bezwinger eine fantastische Aussicht auf den Dinkelberg, das Wiesental und die Wehraschlucht. Wie ein dunkelblaues Samtband bahnt sich der Fluss seinen Weg durch bewaldete Hügel. Kein Zweifel: Wenn Rapunzel hier gefangen war, hatte das Mädchen wenigstens einen wunderschönen Fernblick!

Und wie kommt man hinauf? Vom Ortsausgang in Wehr (Richtung Todtmoos) führt der Burgerlebnispfad durch schattige Wälder zur Bärenfels-Ruine. Das friedliche Plätschern des Flusses begleitet den Aufstieg und lässt die knapp 380 Höhenmeter fast vergessen.

TIPP

Der historische Roman „Die Braut von Bärenfels" von I. L. Krauß erzählt von einer alten Sage der Burg.

Burg Bärenfels, 79664 Wehr

ÖPNV: WTV Bus 7320, Haltestelle Wehr Schwimmbad, ca. 2 Kilometer Fußweg

Mühlen-Romantik

47 *Zu Gast am Jägertonihof in Dörlinbach*

Wenn das Mühlrad sich schnaufend in Bewegung setzt, wenn das Wasser in die Schaufeln rauscht und der schwere Mühlstein sich zu drehen beginnt, dann kann sich kaum ein Zuschauer der Faszination entziehen. Gebannt starren alle auf das hölzerne Mahlwerk, das schon etliche Jahre auf dem Buckel hat. Alfred Kopf, der Inhaber des Jägertonihofes, füllt Getreide in den trichterförmigen Tremel. Von dort läuft es nach und nach zwischen die Mühlsteine. Der untere, unbewegliche, wiegt stolze 600 Kilogramm. Der obere bringt es auf etwa 200 Kilo und schafft beachtliche 120 Drehungen pro Minute. Applaus brandet auf, als der „Kleiekotzer", eine aus Holz gefertigte Fratze, den Mehlgries in den Trog spuckt. Sie funktioniert einwandfrei, die alte Hofmühle im idyllischen Prinschbachtal! „Nicht komplett rund", widerspricht Alfred Kopf. Aber das merkt nur er selbst, weil er seine Mühle natürlich wie die eigene Westentasche kennt. Und er hat auch schon eine Idee, wie das Problem zu beheben ist. Die heutige Jägertonimühle stammt aus dem Jahr 1842, aber ein Großteil der Einrichtung wurde aus dem Vorgängerbau entnommen. Schon 1511 wurde die Mühle erstmals erwähnt! Der doppelhäusige Kornkasten und der Mahlstuhl gehören dem 18. Jahrhundert an. Für angemeldete Besucher setzt Alfred Kopf sein nostalgisches Kleinod gerne in Betrieb. Besonders viele Besucher kommen zum alljährlichen Deutschen Mühlentag am Pfingstmontag. Und nach der Besichtigung? Wem der Sinn nach einer guten Mahlzeit steht – kein Problem! Der Jägertonihof hat auch Kulinarisches zu bieten. Im historischen Gewölbekeller im Untergeschoss des Hofgebäudes befindet sich ein uriger Gastraum, und im Hofladen gibt es hausgemachte Köstlichkeiten wie Schinken, Rindswürste, eigenen Honig oder Apfelmost. Im alten Back- und Brennhaus, direkt neben der Mühle, werden Liköre und Schnäpse gebrannt und knackiges Holzofenbrot gebacken. Kein Mühlen-Romantiker muss mit knurrendem Magen nach Hause gehen!

Jägertonihof, Prinschbach 1, 77978 Schuttertal, Tel. (0 78 26) 7 18
www.jaegertonihof.de

ÖPNV: SWEG Bus 106, Haltestelle Dörlinbach Schule, ca. 2,5 km Fußweg

Heiß-kalter Rodelspaß

48 *Schwungvoll am Hasenhorn-Coaster in Todtnau*

Hui – mit Sausewind den Berg hinunter. Das ist ein Spaß! Kinder kreischen, Erwachsene auch. Zumindest, wenn sie im Herzen jung geblieben sind. Es ist Sommer, und auf der Coaster-Bahn herrscht Hochbetrieb. Fast drei Kilometer, jede Menge Kurven und ganz viel Vergnügen liegen zwischen Berg und Tal. Nach jeder Kehre ist Todtnau wieder ein bisschen näher gerückt. Nach jeder Schleife ändert sich die Perspektive. Das Tempo bestimmt man selbst. Zaghafte Sommerrodler lassen es oben beim Start ein wenig langsamer angehen. Aber die freundlichen Helfer an der Bergstation betonen: Die Geschwindigkeit macht's! Je schneller, desto schöner kitzelt es im Bauch. Je schneller, desto eleganter legt sich der Schlitten in die Kurve. Einziger Nachteil: Je schneller das Tempo, desto schneller ist man auch wieder unten.

Hui, wieder schneidet der Wind scharf ins Gesicht. Was für ein Vergnügen! Die Nase ist rot, der Atem bildet lustige Wölkchen. Kinder lachen, Erwachsene auch. Es ist Winter und auf Deutschlands längster Rodelbahn herrscht Hochbetrieb. Die einen haben einen eigenen Schlitten dabei, andere haben ihn am Hasenhorn ausgeliehen. Schnee spritzt auf, und es geht rasant ins Tal. Immer näher kommen die Dächer und Kirchtürme von Todtnau, aber immer noch nimmt der Schlitten Fahrt auf und bahnt sich seinen Weg durch die weiße Pracht. Dreieinhalb Kilometer lang ist der Spaß, das gibt es nirgends sonst im Schwarzwald. Gut durchlüftet, mit rosigen Wangen und strahlendem Blick kommt man schließlich unten an. Eine zweite Runde gefällig? Na klar! Zumal der Aufstieg so wunderbar einfach ist. Das Hasenhorn besitzt nämlich einen Sessellift. Damit schwebt man entspannt nach oben und genießt zudem die schöne Fernsicht. Der Lift nimmt nicht nur die Passagiere mit, sondern auch ihre Schlitten. Ja, sogar Fahrräder schweben dem Himmel entgegen! Auch oben kann man sich wunderbar vergnügen, etwa bei der Einkehr im Berggasthof, beim Wandern oder beim Erklimmen des Aussichtsturms. Sommers wie winters.

Hasenhorn-Coaster, Sessellift, Lindenstraße 9, 79674 Todtnau, Tel. (0 76 71) 5 08
www.hasenhorn-rodelbahn.de
ÖPNV: RVF Bus 7215, Haltestelle Todtnau Busbahnhof, ca. 550 Meter Fußweg; 7300 Haltestelle Schönauer Straße, ca. 200 Meter Fußweg

74
12

Die Kühe sind los!

49 *Auf dem Rinderlehrpfad in Gersbach*

Von wegen dumme Kuh! Völlig zu Unrecht gelten die friedlichen Wiederkäuer als einfältig und minder intelligent. Sie sind äußerst soziale Wesen, schließen enge Freundschaften innerhalb ihrer Herde, haben einen fantastischen Geruchs- und Orientierungssinn und bewahren auch in Stresssituationen die Contenance. Als dumm gelten sie wohl nur, weil sie meistens am Grasen sind und sich nicht so schnell aus der Ruhe bringen lassen. Dies und noch viel mehr Wissenswertes erfährt man am Rinderlehrpfad in Gersbach. Auf dem Gemeindegebiet wurde 2002 ein 33 Hektar großer Weidepark eingerichtet. Der Lehrpfad führt auf etwa vier Kilometern einmal um den Park herum. Ungerührt von menschlichen Gästen lassen sich die Tiere das Gras schmecken. Heimische Kühe, aber auch schottische Hochlandrinder beweiden den Park. Der Weg führt an imposanten Weidbuchen vorbei und bei klarer Sicht taucht am Horizont die Alpenkette aus dem Dunst und bildet einen reizvollen Hintergrund. Aber die Hauptakteure sind und bleiben die Kühe. Auf zwölf Texttafeln erfährt man Erstaunliches über die Welt der Rinder. Zum Beispiel, dass sie täglich 2,5 Prozent ihres Körpergewichtes an Nahrung aufnehmen und über hundert Liter Wasser pro Tag trinken können! Einen Großteil ihres Lebens verbringen sie mit Fressen, Wiederkäuen und Verdauen. Ihr Kot dient der Bodendüngung, ihr Weideverhalten pflegt die Landschaft. Wer hätte gedacht, dass ein einzelner Kuhfladen ein Glücksort für immerhin 200 verschiedene Insektenarten ist?

Das absolute Highlight auf dem Lehrpfad ist das Wisentgehege. Staunend steht man vor Europas schwerstem Landtier. Es schnauft laut beim Fressen, und wenn es sich zum Wälzen auf den Boden wirft, staubt es gewaltig. Ein bisschen wie im Wilden Westen! Der Zaun, der den Besucher von der Herde trennt, ist ziemlich hoch. Und das ist gut so. Denn obwohl so ein Wisent bis zu einer Tonne wiegen kann, überspringt es Hindernisse von zwei Metern Höhe!

TIPP

Auch interessant: die nachgebaute Barockschanze in Gersbach.

Rinderlehrpfad, 79650 Schopfheim-Gersbach, Tel. (0 76 20) 2 27

ÖPNV: RVL Bus 7308, 9002, Haltestelle Gersbach Ebnet, ca. 200 Meter Fußweg

Auf die Bretter, fertig, los!

50 *Langlaufen auf der Thurnerspur bei St. Märgen*

Winterzeit ist Langlaufzeit! Noch nie ausprobiert? Na, dann nichts wie los! Was gibt es Schöneres, als im gleißenden Sonnenschein über den Schnee zu gleiten, zwischen Tannen hindurch, deren Zweige sich unter der weißen Pracht vor einem verneigen? Skilanglauf ist meditativer und weniger dramatisch als Abfahrtslauf – aber nicht weniger faszinierend. Ein Werbeslogan sagt: Wer gehen kann, kann auch langlaufen. Na ja, ganz so easy ist es dann doch nicht. Auch Gleiten will gelernt sein, allerdings braucht es dazu keine speziellen Vorkenntnisse und keine teure Ausrüstung. Und wo beginnt man am besten? Auf der Thurnerspur bei St. Märgen! Sie gilt als eine der schönsten Loipen Deutschlands. In traumhafter Landschaft startet sie auf dem Pass auf 1030 Meter Höhe. Das garantiert nicht nur eine relative Schneesicherheit, sondern den besonderen Genuss, Wolken und Nebel häufig unter sich zurückzulassen. Drei verschiedene Routen stehen zur Wahl: Die klassische Loipe führt am weitesten nach oben – bis zur Weißtannenhöhe auf 1190 Meter! Sie ist fünfzehn Kilometer lang, aber für Ungeübte gibt es Abkürzungen. Die Skating-Loipe ist sieben Kilometer lang. Diese Technik eignet sich besonders für erfahrene Eisläufer oder Inline-Skater. Für den Feierabend und das Training gibt es an mehreren Abenden pro Woche sogar eine Flutlichtloipe. Das Kunstlicht verleiht Schnee und Landschaft einen ganz besonderen Reiz. Das Langlaufzentrum Thurnerspur existiert schon seit 1972, es ist damit das älteste Deutschlands. Am Startpunkt steht ein beheiztes Blockhaus mit Kiosk, Umkleidekabinen, Duschen und einem Raum zum Wachsen der Skier. So gerüstet, kann der Langlaufspaß beginnen. Auf geht's, hinein in die winterliche Stille und die verzauberte Landschaft! Wie schön, dass man auch in der kalten Jahreszeit draußen sein kann, fit und auf umweltschonende Art die Natur genießen darf!

Thurnerspur, Start/Ziel: Thurner 1, 79274 St. Märgen
www.thurnerspur.de
ÖPNV: RVF Bus 7216, 7261, 7268, Haltestelle Thurner Abzweigung bzw. Thurner Wirtshaus, ca. 500 Meter Fußweg

Glück aus Hopfen & Malz

51 *Markgräfler Brauwerk in Kandern-Tannenkirch*

Das Markgräflerland ist für seinen Wein, genauer den Gutedel, bekannt. Doch inmitten des Reblandes duftet es plötzlich nach Maische! Nach dem Sud, aus dem ein ganz anderes, nicht minder beliebtes Getränk gebraut wird. Nach der Würze eines hochwertigen, süffigen Craft-Bieres. Thomas Hein, der Gründer des *Markgräfler Brauwerks*, hat sich mit seiner kleinen Brauerei einen Traum erfüllt. 2017 stattete er die historische Scheune auf seinem idyllischen Bauernhof mit modernen Sudpfannen und Gärtanks aus und braute darin seine ersten Biere. Schon die Namen machen durstig! *Znüni* – ein Ale nach belgischem Rezept mit einer angenehmen Süße im Antrunk. *High Noon* – ein obergäriges American Pale Ale mit Zitronen- und Grapefruit-Noten. *Zvieri,* ein Märzen mit vollmundigem Malzaroma und feiner Bittere. *Feierabend-Lager* – mild gehopft und sehr süffig. *Abendrot* – ein Bockbier mit den Aromen von roten Beeren und Joghurt. So kommt man also prima durch den Tag! Thomas Hein führt angemeldete Gäste gerne durch seine Brauerei. Dabei schwärmt er von der Vielfalt an Möglichkeiten, die das Craft-Bier bietet. „In den Supermärkten dominiert das Pils in den Regalen", erklärt er. „Dabei gibt es so viele andere Sorten zu entdecken!" Craft-Bier heißt übersetzt nichts anderes als handwerklich hergestelltes Bier – aber das trifft nicht ganz den Kern der Sache. Ein Craft-Bier, das diesen Namen auch verdient, ist vor allem kreativ und unabhängig. Thomas Hein filtert seine Biere nicht. Im naturtrüben Gerstensaft sind die Aromen deutlicher wahrnehmbar. Im Gegensatz zu manchen Kollegen stellt der Selfmade-Brauer das deutsche Reinheitsgebot nicht infrage. „Es ist schon fantastisch genug, was sich aus vier Zutaten brauen lässt – wozu braucht es da exotische Ingredienzen?" Recht hat er. Seine Kreationen, die unter dem Label Markgräfler Brauwerk in Hieber-Märkten und natürlich direkt am Hof zu erwerben sind, kommen jedenfalls bestens ohne Kakao, Honig oder Chili aus!

Markgräfler Brauwerk, Flühgasse 1, 79400 Kandern-Tannenkirch, Tel. (01 76) 45 96 89 65
www.markgraefler-brauwerk.de

ÖPNV: SWEG Bus 1, Haltestelle Tannenkirch Ochsen, ca. 200 Meter Fußweg

Das Bier des Südens
MARKGRÄFLER
BRAUWERK

52 *Von Alpersbach auf den Hinterwaldkopf*

Ein runder Steinwall markiert die Kuppe des Hinterwaldkopfes zwischen Kirchzarten und Hinterzarten. Der Wind bläst stark hier oben, deshalb tanzen bunte Drachen in der Luft, und aufgeregte Kinderstimmen kommentieren die wilde Jagd am Himmel. Von ganz vielen Seiten erklimmen Wanderer den kahlen Gipfel, denn einen schöneren Rundblick wird man so schnell nicht finden. Im Süden liegt das Zastlertal. Wer von hier aufsteigt, spürt unterwegs selbst an heißen Frühsommertagen einen kühlen Windhauch über die Haut streifen. Dann hat man die Zastler Eislöcher erreicht, Felsnischen, in denen sich Eisreste bis in den Juni hinein halten können. Im Norden erstreckt sich das Höllental, und der Blick wandert über das Dreisamtal bis nach Freiburg oder hinüber zum Feldberg. Je länger man die Augen in die Ferne richtet, desto lauter wird der Ruf der Weite und der Natur. Eine andere Route führt von Himmelreich über die bewirtete Höferer Hütte bis nach Hinterzarten. Eine wahre Genießertour ist der ausgedehnte Spaziergang um den idyllischen Ort Alpersbach mit Abstecher auf den schönen Panoramagipfel. Hinter dem einprägsamen Namen „Drumrum“ verbirgt sich ein etwa 5,3 Kilometer langer Rundwanderweg, der durch einmalig schöne Landschaft den Ort umkreist. Er beginnt am Wanderparkplatz oberhalb des Gasthauses Engel und ist bestens ausgeschildert. Am Dr.-Ganter-Weg angekommen, verlässt man den Drumrum-Pfad und steigt zum Hinterwaldkopf empor. Nach dem Panoramaerlebnis lockt die Einkehr in die Hinterwaldkopfhütte unterhalb des Gipfels. Danach geht es zurück zum wildromantischen Drumrum-Pfad, der nun am Bach entlangführt, an herrlichen Feuchtwiesen und Weiden vorbei und durch lichte Wälder. Besonders schön ist er im Frühjahr, wenn Trollblumen und Knabenkraut blühen, oder im Herbst, wenn die Natur ihr prächtigstes Kleid anzieht, um sich vor dem Einbruch des Winters noch einmal von ihrer schönsten Seite zu zeigen.

Startpunkt Hinterwaldkopf: Parkplatz Gasthaus zum Engel, Alpersbach 14, 79856 Hinterzarten
ÖPNV: Keine Busverbindungen, nächster Bahnhof: Hinterzarten, etwa 7 km Fußweg

Das ist ein Zuckerschlecken!

53 *Süßes aus dem Traditionscafé Decker in Staufen*

Sogar aus Freiburg und Lörrach kommen die Gäste hierher. Weil es sich herumgesprochen hat: Die größte Auswahl an leckeren Kuchen, Torten und Pralinen gibt es im Café Decker in Staufen. Ja, das ist das hübsche gelbe Haus mit der verglasten Terrasse. Das Haus direkt am Flüsschen Neumagen bei der denkmalgeschützten gusseisernen Brücke. Genau das! Seit 1961 wird hier auf höchstem Niveau Zuckerwerk kreiert. Hermann Decker, seines Zeichens Konditormeister, hat seine Lehr- und Wanderjahre in Deutschland und der Schweiz verbracht. Dabei lernte er den Grundsatz schätzen, der bis heute die süßen Träume des Traditionscafés ausmacht: Von allem nur das Beste! Gebacken wird mit feinster Butter, edelstem Kakao, hochwertigen Likören und Edelbränden, frischestem Obst. In Jahrzehnten wurden die Rezepte verfeinert, Inspirationen aus aller Welt flossen ein. In der Konditorei entstehen die Torten. Schicht um Schicht: Biskuitboden, Buttercreme, Sahne, Früchte, ein Schuss Likör. Ein Hauch von Alkohol muss sein, er ist Geschmacksträger und unterstützt die feinsten Aromen. Ganz wichtig: exakt die richtige Zuckermenge. Süß darf es sein, aber auf keinen Fall zu süß. Die Grundsätze der Konditorei gelten natürlich auch für die angeschlossene Bäckerei. Für Brot, Laugengebäck und Hefezopf. Alles frisch, alles selbst gemacht. Und dann gibt es noch die Patisserie. Törtchen, Pralinen und Bruchschokolade. Schokolade macht glücklich, heißt es. Ihre Inhaltsstoffe sorgen für Glückshormone und gute Laune, sie wirken anregend und belebend. Zum Ausprobieren gibt es im Café Decker die kleine Portion mit verschiedenen Sorten. Einfach Augen schließen und die Köstlichkeiten ganz langsam auf der Zunge zergehen lassen. Hm, lecker ist das! Wem hier nicht das Wasser im Mund zusammenläuft, dem ist wahrlich nicht zu helfen!

TIPP

In Staufen auch den Weitblick von der Burgruine genießen!

Café Decker, Hauptstraße 70, 79219 Staufen, Tel. (0 76 33) 53 16
www.cafe-decker.de

ÖPNV: S3 bis Staufen Bahnhof; RVF Bus 7208, 7240 bis Staufen Bahnhof, ca. 450 Meter Fußweg

Urlaub im Auenland

54 *An den Isteiner Schwellen bei Efringen-Kirchen*

Seit Jahrmillionen trennt Vater Rhein die Vogesen im Westen vom Schwarzwald. Jahrmillionenlang war der Fluss ein wilder Geselle, überflutete seine Ufer, formte die Landschaft. Erst seit Johann Gottfried Tulla ihn Anfang des 19. Jahrhunderts begradigte, darf er nicht mehr, wie er will. Seither fließt er gebändigt durch ein vorgegebenes Bett. Doch halt! Ist das überall so? Nein, denn noch immer gibt es ein paar Abschnitte Altrhein, die ein lebendiges Bild vom früheren Aussehen des Flusses vermitteln. Die Isteiner Schwellen sind ein solches Stück Rheingeschichte. Vor allem sind sie aber ein herrliches Naturparadies, das zum Schwimmen, Planschen, Picknicken, Grillen oder Sonnenbaden einlädt. Bis 1928 fuhren hier sogar Schiffe. Aber weil das Bett steinig und nicht ungefährlich war, schuf man einen Seitenarm, und die Stromschnellen bei Istein verfielen in einen wohltuenden Dornröschenschlaf. Bis heute sind sie nur teilweise daraus erwacht. Die naturnahe Auenlandschaft, die mithilfe einer Tieferlegung des Geländes entstanden ist, dient dem Rhein als Überschwemmungsgebiet. An den Sand- und Kiesstränden lässt es sich wunderbar entspannen. Mit Campingstuhl und Kühlbox ausgerüstet, findet man garantiert ein lauschiges Plätzchen fürs Picknick. Oder: Einfach auf die Luftmatratze legen und von den Fluten treiben lassen! Bei niedrigem Wasserstand kann man einen großen Teil der Schwellen durchwaten und zu der kleinen Insel gelangen, die eine perfekte Sonnenbank ist. Natürlich gibt es auch tiefere Stellen, die sich zum Schwimmen eignen. Sie befinden sich im nördlichen Teil der Schwellen, wo Nacktbaden erlaubt ist. Oberhalb der Stromschnellen verläuft ein Fahrradweg, ganz flach und mit schönen Ausblicken auf den Fluss. Infrastruktur gibt es in den Flussauen keine. Und das ist gut so. Man hört nur die Frösche quaken, die Insekten summen und ein paar andere Auenland-Kurzurlauber fröhlich lachen.

Isteiner Schwellen, 79588 Efringen-Kirchen
ÖPNV: Mit dem Zug bis Bahnhof Istein, ca. 2 km Fußweg

Stroh macht froh

55 *Der Strohskulpturen-Wettbewerb in Höchenschwand*

Alle zwei Jahre im Herbst verwandelt sich Höchenschwand, das „Dorf am Himmel", für sechs Wochen in eine gigantische Freiluftgalerie. Von nah und fern reisen dann Gäste an, um die großen Kunstwerke zu bestaunen, die auf der Wiese beim Bauernmarkt ihren Platz gefunden haben. Das Material: Stroh. Ganz normales Stroh. Unglaublich, was sich daraus gestalten lässt! Eine Ente zieht auf einem Teich mit ihren Jungen vorbei. Nebenan angeln Max und Moritz das Brathuhn aus Witwe Boltes Kamin. Ein Schwarzwaldelch bewacht – bollenhutgeschmückt – eine alte Mühle. Und daneben heult eine Wolfsfamilie den Vollmond an. Die Künstler sind keine namhaften Bildhauer aus aller Welt. Die Namen der Strohskulpturenurheber sind nicht einmal überregional in aller Munde, obwohl sie es verdient hätten. Nein, die Künstler aus Höchenschwand sind die Vereine vor Ort. Die Landfrauen, die Feuerwehr oder der Sportverein. Sie alle haben sich im Laufe der Zeit zu wahren Meistern im Handwerk des Flechtens und Webens entwickelt. Erst im Sommer, wenn das Stroh fertig ist, kann mit der Arbeit begonnen werden. Bis Anfang September muss das Werk fertiggestellt sein, dann ist Vernissage. Fast tausend Stunden stecken in jeder Skulptur! Mit Musik und Festakt begeht der Kurort im Zweijahresrhythmus den Auftakt des Wettbewerbs. Bombastisch ist auch die Preisverleihung nach sechswöchiger Ausstellung. Die Sieger werden fair gewählt, jeder Besucher darf seine Stimme abgeben. Doch die Wahl fällt nicht leicht! Je länger man die Skulpturen betrachtet, desto mehr hübsche Details fallen auf. Irgendwie hätten sie alle einen Preis verdient. Nach der Siegerehrung bleiben die Kunstwerke noch eine Woche lang stehen. Bis dahin haben viele einen Käufer gefunden – Läden oder Gasthäuser etwa. Andere Skulpturen bleiben im Ort. Es lohnt sich also auch außerhalb der Wettbewerbswochen, in Höchenschwand auf die Suche zu gehen.

Höchenschwander Strohskulpturen-Wettbewerb, Bauernmarkt, Frohnschwand 17, 79862 Höchenschwand, Infos: Tel. (0 76 72) 4 81 80
www.strohskulpturen-hoechenschwand.de

ÖPNV: WTF Bus 7322, Haltestelle Frohnschwand B 500, ca. 300 Meter Fußweg

WINDGATE

Bei Riesen zu Gast

56 *Die dicke Danieltanne bei Grafenhausen*

Wenn du reden könntest – was würdest du uns erzählen? Was hast du schon alles gesehen in den stolzen vierhundert Jahren, die du hier stehst? Hattest du eine glückliche Kindheit? Musstest du mit deinen Geschwistern um den besten Platz an der Sonne streiten? Immerhin konntest du dich entfalten, dich ganz weit emporrecken und dir ein ordentliches Bäuchlein zulegen! Wie viele Stürme hast du schon erlebt? Wie viel Schnee lag auf deinen Ästen? Wie viele heiße und trockene Sommer musstest du erdulden? Und wie viele Blitze sind über dein stattliches Haupt gezuckt? Dick und mächtig ist dein Stamm, verziert von grünem Moos. Da stehst du, stolz und wehrhaft, all die Stürme haben dir nichts anhaben können, Kyrill nicht, Lothar nicht und auch nicht die namenlosen vorher. Was hat sich wohl alles in deinem Schatten zugetragen? Haben dich Füchse umschlichen, Rehe an deinem zarten Grün geknabbert, Wildschweine ihre Borsten an dir gerieben? Wie viele Vögel haben schon auf deinen Ästen gesessen und fröhliche Lieder geträllert? Haben sich Liebespaare unter deinem Nadeldach geküsst? Wie viele Menschen haben dich schon umarmt? Mit 5,6 Metern Umfang darfst du dich die dickste Tanne im Schwarzwald nennen. Und mit fast 50 Metern bist du auch in der Höhe ein Riese.

TIPP Ganz in der Nähe ist das hübsche Heimatkundemuseum Hüsli.

Der Baum, dem wir all diese Fragen stellen, heißt Danieltanne. Er steht im Naturschutzgebiet Schlüchtsee in Grafenhausen, ganz in der Nähe der berühmten Rothaus-Brauerei. Daniel ist eine Weißtanne, genauso wie die anderen hohen Tannen in seiner Nachbarschaft. Die Fichtenplantagen drum herum wirken klein und unscheinbar neben den Riesen. Eine Bank lädt den Betrachter zum Verweilen vor dem mächtigen Baum ein. Zum Waldbaden, Staunen und Bewundern. Vielleicht auch zum stillen Zwiegespräch. Na los, Daniel! Erzähl uns deine Geschichte! Wenn wir ganz aufmerksam zuhören, können wir vielleicht ein bisschen etwas davon verstehen!

Danieltanne, 79865 Grafenhausen
ÖPNV: WTV Bus 7343, Haltestelle Grafenhausen Rothaus, ca. 2,7 km Fußweg

Ticktack-Kult

57 *Uhren aus dem Kuckucksnest in Triberg*

Der Herzschlag des Städtchens Triberg ertönt im Kuckuckstakt. Nirgendwo sonst ist die Dichte an Uhrengeschäften so groß wie hier. Natürlich ist eine Schwarzwälder Kuckucksuhr nicht jedermanns Sache. Für die einen ist sie Kitsch, für die anderen Kult. Doch bevor man sich für oder gegen sie entscheidet, ist es ratsam, einen zweiten oder dritten Blick zu riskieren! Dafür braucht es natürlich den richtigen Laden, einen, der keine Massenware aus China führt, sondern handgefertigte Exemplare. Einen wie das Kuckucksnest. Am Eingang zum Geschäft grüßen gleich Hans, der Uhrenträger, und Heidi, die Schwarzwaldfrau. Die beiden sind aus Holz geschnitzt, genauso wie die Uhrengehäuse. Im Laden erwartet uns dann ein charmantes Ambiente mit Winkeln und Ecken und natürlich mit ganz vielen Uhren, kleine und große, einfache und kunstvolle, fast wie in einer Märchenwelt. In den vergangenen Jahren ist die Kuckucksuhrenlandschaft bunt und teilweise sehr trendy geworden. Auch im Kuckucksnest fehlen moderne Exemplare nicht, aber klassische Modelle herrschen vor. Die meisten Uhren sind Einzelstücke mit ganz individuellen Details. Stolz präsentiert Christian Burger seine Zweijahreszeiten-Uhr mit drehbarem Schwarzwaldhaus. Auf der einen Seite liegt Schnee, auf der anderen scheint die Sonne. So hat man zwei Uhren in einer – das gibt es nur hier! Christian Burger beantwortet ausführlich alle Fragen zum Kultobjekt des Schwarzwaldes. Wie der erste Kuckuck in die Uhr kam, liegt allerdings bis heute im Dunkeln. Vermutlich stand die astronomische Uhr im Straßburger Münster dafür Pate. Lange Zeit war das Bahnwärterhäusle von Friedrich Eisenlohr das vorherrschende Motiv für das Gehäuse. Im Kuckucksnest soll sich schon so mancher Besucher in eine Uhr „verkuckt" haben. Der fröhliche Ruf in den heimischen vier Wänden verbreitet einfach gute Laune. Und keine Angst: Nachts lässt er sich abstellen.

TIPP Ein riesiges Uhrgehäuse von innen zeigt die erste größte Kuckucksuhr der Welt in Schonach.

Kuckucksnest, Wallfahrtstraße 15, 78098 Triberg, Tel. (0 77 22) 86 94 87
www.ticktack-shop.de

ÖPNV: Zug bis Bahnhof Triberg; VSB Bus 7265, 7268, 7270, Haltestelle Marktplatz, ca. 350 Meter Fußweg

Romantisch flanieren

58 *Ein Bummel durch Bad Säckingen*

Lustvoller Müßiggang ist eine Kunst, die im Alltagstrott allzu oft auf der Strecke bleibt. Dabei gibt es nichts Schöneres, als genüsslich durch malerische Gassen zu streifen, in hübschen Cafés zu entspannen, imposante Gebäude zu betrachten, in Parkanlagen zu faulenzen oder am Fluss entlangzuschlendern und dabei alle Sorgen hinter sich zu lassen. Ein Ort, an dem dies besonders gut gelingt, ist das Städtchen Bad Säckingen. Trotz seiner unzähligen Attraktionen wirkt es irgendwie aus der Zeit gefallen, frei von Hektik und Lärm. Weit über die Stadtgrenzen hinaus ist das Fridolinmünster bekannt, das in einem kostbaren Schrein die Gebeine des heiligen Mönchs beherbergt. Noch berühmter ist aber natürlich die längste gedeckte Holzbrücke Europas. Ihr Besuch ist ein absolutes Muss! Auch nach vierhundert Jahren überspannt sie stolz den mächtigen Strom. Als nostalgisches Fotomotiv ist sie ebenso beliebt wie als Filmkulisse. Wo sonst kann man so schön mit einem Bein in Deutschland, mit dem anderen in der Schweiz stehen? Am Rhein entlang lässt es sich wunderbar flanieren, vorbei an pittoresken alten Wehrtürmen. Oder wie wäre es mit einem kleinen Einkaufsbummel in der Altstadt? Immer wieder begegnet man unterwegs den Spuren von zwei berühmten Einwohnern Bad Säckingens: dem Trompeter und dem Kater Hiddigeigei. Beide Gestalten sind Teil einer romantischen Liebesgeschichte, die Joseph Victor von Scheffel 1853 in Versform verfasste. Der Kater ist aber die heimliche Hauptfigur des Epos. Scharfsinnig und voller Ironie kommentiert er das merkwürdige Treiben der Menschen. Heute ist er Bad Säckingens erklärtes Glückssymbol und ziert zahlreiche Kunstwerke in der Stadt.

Der krönende Abschluss des Bummels ist der Besuch des barocken Teehäuschens im Schlosspark. Der Gartenpavillon aus dem 18. Jahrhundert ist ein echtes Schmuckstück. Und von der Sonnenterrasse aus genießt man bei Kaffee und Kuchen den herrlichen Blick über den Rhein.

- **Bad Säckingen, www.bad-saeckingen.de**
- **ÖPNV: Zug bis Bahnhof Bad Säckingen**

Völlig „losgelösst"

59 *Faszinierende Hohlwege rund um Bickensohl*

Wein, Löss und Gesang – so ließe sich die etwa sieben Kilometer lange Rundwanderung am lieblichen Kaiserstuhl wohl am besten beschreiben. Wobei die Reben und die berühmten Hohlwege schon da sind, während man für den Gesang selbst sorgen muss. Dieser Löss ist ein wahres Wunderzeug. Das gelblich-ockergraue Sediment liefert die fruchtbarsten Böden weltweit. Es besteht aus Quarzstaub, Feinsand und Kalk-Bruchstücken. Am Kaiserstuhl kann die durch Wind und Menschenhand geschaffene Lössdecke bis zu dreißig Meter dick sein! Eine solche Hohlgasse ist eine echte Attraktion: Steil ragen die Wände auf, durchzogen von Spalten und höhlenartigen Vertiefungen. Es ist eine ganz spezielle Landschaft, Lebensraum für seltene Tiere wie den Bienenfresser, einen tropisch bunten Vogel, oder die grün schillernde Smaragdeidechse. Mit einem leicht skeptischen Blick nach oben fragt man sich vielleicht, ob die Wand wohl hält. Schließlich zerbröselt das Material fast wie Mehl zwischen den Fingern, wenn man es zerreibt. Aber keine Sorge, gewachsener Löss ist aufgrund seines Kalkanteils, ehemaliger Wurzelkanäle und der sogenannten Lösskindel (Kalkknollen) sehr stabil. Die Wände ragen immerhin schon seit der letzten Eiszeit auf. Weinreben wachsen auf diesem Boden ganz besonders gut. Sinnlich und farbenprächtig ist der Rundgang vor allem im Herbst, wenn das Weinlaub golden, blutrot und satt braun erstrahlt. Infotafeln klären über die Entstehung und Bedeutung des Wunderbodens auf. Der Rundweg beginnt in Oberrottweil, einem Ortsteil der Gemeinde Vogstburg, direkt vor der Winzergenossenschaft. Immer wieder bieten sich unterwegs schöne Ausblicke auf die schier endlosen Rebflächen und den Ort Bickensohl, der sich harmonisch ins Bild einfügt. Beruhigend wie Balsam wirken die Weinberge auf Auge und Seele. Dafür nimmt man die paar knackigen Steigungen, die der Weg parat hält, gern in Kauf.

TIPP

Für Weinliebhaber lohnend ist ein Besuch in der Bickensohler Weinvogtei.

Start Hohlwege: Parkplatz bei der Bickensohler Weinvogtei, Neunlindenstraße 25, 79235 Vogtsburg im Kaiserstuhl

ÖPNV: RVF Bus 104, Haltestelle Bickensohl Ort, Rundweg ca. 7 Kilometer

Von rauer Herzlichkeit

60 *Kuhkuscheln in Fröhnd*

Wer hätte gedacht, dass eine Kuhzunge so rau sein kann? Ein bisschen klebrig auch, angenehm warm, ziemlich beweglich und ganz schön lang! Tami heißt die Dame, die an diesem Tag zum Kuscheln und Streicheln eingeplant ist. Sie ist groß, gutmütig und mag es, wenn man sie krault. Mit klopfendem Herzen ist eine Handvoll Gäste zum Kuhkuscheltermin auf dem Marterer Hof in Fröhnd-Oberhepschingen eingetrudelt. Man sollte Kleidung anhaben, die schmutzig werden darf. Und feste Schuhe, am besten Gummistiefel, so steht es in der Ankündigung. Das lässt auf ein hautnahes Erlebnis hoffen! Die Kuschelstunde beginnt aber nicht auf der Weide, sondern im Melkstand. „Wollt ihr es einmal selbst versuchen?", fragt Bernd Marterer, der Hausherr. Ehrlich? Einfach so der Kuh ans Euter fassen? Aber die Vorderwälder Mädels kennen das schon und halten geduldig still. Bald kommt sogar ein dünner Milchstrahl – was für ein Erfolgserlebnis! Nach dem Melken geht es in den Stall. Ein offener Laufstall, unbeheizt, auch im Winter. Die Wohlfühltemperatur einer Kuh liegt bei frischen vier Grad Celsius, verrät Bernd Marterer. Jetzt kommt die Hauptsache, das Kuscheln. Was genau dabei geschieht, hängt von den Besuchern ab. Manche sind neugierig und haben viele Fragen. Dann erklärt der Nebenerwerbslandwirt alles über Fütterung und Haltung auf seinem Biohof. Andere können es kaum erwarten, den Kühen näherzukommen. Tami ist an diesem Tag aber ein wenig faul. Sie lässt sich eine Weile verwöhnen, dann macht sie sich wieder ans Fressen. Die Gruppe zieht weiter zu den Kälbern. Nun kommen die langen rauen Zungen so richtig zum Einsatz! Fröhlich schlabbern sie Hände, Arme und Nasen ab. Und mit einem Mal ist da eine ganz ergreifende Verbundenheit zwischen den Tieren und den Menschen, eine innige Nähe, die die Seele berührt. Wir haben soeben ein Band geknüpft zu diesen fremden Lebewesen. Wir sind neugierig aufeinander – wir auf die Kühe und sie auf uns.

Kuhkuscheln auf dem Marterer Hof, Oberhepschingen 3, 79677 Fröhnd, Tel. (0 76 73) 87 35
www.marterer-hof.de

45 954
45 954

61 *Der Kraftort Siebenfelsen von Yach*

Ob da ein Riese seine Hände im Spiel hatte? Wie das Werk eines Giganten sieht die geheimnisvolle Felsformation unterhalb des Rohrhardsberges aus. Als hätte ein überdimensionales Wesen aus großen Steinklötzen ein Türmchen gebaut – ein bisschen wackelig vielleicht, ein bisschen schief. Aber nein, wackelig sind die sieben Steine mitnichten! Sie sind äußerst robust und halten schon seit uralten Zeiten Wacht, dort am Ende des Tals, wo der Yachbach entspringt. Und sie sind auch nicht das Werk eines Fabelwesens, sondern durch die sogenannte Wollsackverwitterung entstanden, ein schönes Wort, das eine bestimmte Erosion von Granit beschreibt. Der Magie des Platzes tut die wissenschaftliche Erklärung keinen Abbruch. Es gibt im Schwarzwald mehrere Plätze, die eine solch besondere Atmosphäre atmen. Manche Menschen machen Kraftlinien dafür verantwortlich, andere sprechen von Energiefeldern oder von Geomantie. Fast jeder hat dieses merkwürdige Kribbeln, diese innere Spannung schon einmal erlebt, die von solchen Orten ausgeht. Dafür braucht es keine besonderen spirituellen Fähigkeiten, es genügt, seine Sinne zu öffnen. Vielleicht ist es einfach nur die Macht der Natur, die an diesen Stellen besonders stark zu spüren ist? Fest steht jedenfalls, dass schon unsere Vorfahren die magische Kraft des Siebenfelsens verehrten. Man vermutet hier einen alten keltischen Altar, an dem Druiden und Priesterinnen Riten zur Sonnenwendfeier abhielten. Urkunden zufolge ist der Siebenfelsen schon lange als Sehenswürdigkeit bekannt. Früher gehörte er zum nahen Fischergrundhof, später wurde die Gemeinde Yach Eigentümerin der mystischen Steine. Die bizarre Felsformation ist nur zu Fuß zu erreichen, am schönsten auf einer Wanderung vom Schänzlehof aus. Oben auf dem Rastplatz kann dann jeder für sich selbst herausfinden, wie die Kraft auf ihn wirkt. Einfach hinhören, die Seele öffnen und auf die innere Stimme achten.

Siebenfelsen, 79215 Elzach (Yach)
Wanderparkplatz oberhalb des Fischergrundhofs
Kein Anschluss an den ÖPNV

Zeitreise durchs Leben

62 *Im Deutschen Tagebucharchiv von Emmendingen*

„Ich will ein Kind der Sonne sein! Hört und staunt! Ich will nämlich ein Tagebuch schreiben!" So beginnt eine junge Büroangestellte im Jahr 1911 voller Freude und Euphorie ihre Lebenserinnerungen. Manche Menschen sprechen ihr Tagebuch direkt an, geben ihm sogar einen Namen, andere wenden sich an ein imaginäres Publikum. Die Welt der Tagebuchschreiber ist unglaublich vielfarbig. Die gesamte Palette entfaltet sich bei einem Besuch im kleinen Museum im alten Rathaus von Emmendingen. Da gibt es Künstlertagebücher voller Poesie, bunter Gemälde und fantasievoller Zeichnungen. Reisetagebücher, die von Abenteuer und Fernweh berichten, so spannend, dass ein Drehbuch für einen Film daraus entstehen könnte. Elterntagebücher mit Fotografien, die das Aufwachsen der Kinder begleiten. Jugendtagebücher voller Träume und Sehnsüchte, mal himmelhoch jauchzend, mal zu Tode betrübt. Kleine Bücher, große Bücher, sorgfältig geführte und hingeschmierte, alte und ganz neue, alles, alles ist da. Das Deutsche Tagebucharchiv existiert seit 1998 und beherbergt gut zwanzig Jahre später etwa 20.000 Bücher von rund 4.200 Autoren. Die Schreiber vermachen dem Archiv ihre Lebenszeugnisse aus den unterschiedlichsten Gründen: für ein bisschen Unsterblichkeit, als Zeitzeugnis oder aus pädagogischem Interesse. Wer das kleine Museum betritt, wird direkt vom prallen Leben angeweht und taucht ein in die Geschichten von Fremden. Die Originale der archivierten Tagebücher werden fachgerecht aufbewahrt, für Recherchezwecke stehen Scans und Kopien zur Verfügung. Besucher dürfen nur in anonymisierten Büchern lesen, für die eine ausdrückliche Einwilligung der Einsender vorliegt. Dafür gibt es eine Schmökerecke mit Broschüren und eine moderne Medienstation. „Du bist von nun an mein Begleiter bis ins Grab", schrieb eine 15-Jährige und gab ihrem Tagebuch den Namen *Silberfee*. In keinem Roman, keiner Biografie ist man einem anderen Menschen so nahe wie hier.

TIPP Das Archiv veranstaltet regelmäßig Zeitreise-Lesungen.

Deutsches Tagebucharchiv, Marktplatz 1, 79312 Emmendingen, Tel. (0 76 41) 57 46 59
www.tagebucharchiv.de
ÖPNV: Zug Bahnhof Emmendingen, ca. 200 Meter

NON SCRIVETE QUI!

Ab in die Pedale!

63 *Bähnle-Radweg von Neustadt nach Bonndorf*

Einst schnauften hier Dampflokomotiven, heute schnaufen nur noch Radfahrer auf der Strecke zwischen Neustadt und Bonndorf. Obwohl: So richtig außer Atem kommt man eigentlich nicht, denn das Tolle an dieser knapp dreißig Kilometer langen Radtour ist ja gerade ihre verhältnismäßig ebene Streckenführung. Und natürlich die schöne Landschaft, die am Wegesrand vorbeizieht wie eine perfekt komponierte Filmkulisse. Pferdeweiden, Blumenwiesen und tiefe Einblicke in die beeindruckende Wutachschlucht – da lacht das Herz. Das Radeln auf der ehemaligen Eisenbahntrasse bietet eine ganze Reihe von Vorteilen. Die geringe Steigung ist nur einer davon. Die traumhafte Ruhe ein weiterer. An der Gutach entlang und durch stille Wälder stört kein Lärm den Radelspaß. Nostalgische Zeitzeugnisse aus der Ära, in der hier noch Züge fuhren, säumen die Strecke. Spektakulär ist das Klausenbachviadukt, eine eiserne Untergurtbrücke, die in der Nähe der Löffelschmiede bei Lenzkirch das Tal überspannt. Absteigen und Bestaunen lohnt sich! Mit einer Spannweite von über 46 Metern fügt sich das Viadukt imposant ins Landschaftsbild ein. Kurz darauf passiert der Bähnle-Radweg den alten Bahnhof von Kappel-Grünwald. Im Gegensatz zur Station in Lenzkirch hat er die Stilllegung überlebt. Da kommt bei so manchem Radwanderer schon ein wenig Wehmut auf: Ach, die gute alte Eisenbahn! Siebzig Jahre lang existierte diese Nebenstrecke. Am 1. Mai 1977 fuhr ein letzter Sonderzug, die Lenzkircher Bürger hatten ihn selbst organisiert, um von ihrer Bahnstrecke angemessen Abschied zu nehmen. Umso schöner, dass die alte Trasse nun ein zweites Leben geschenkt bekommt! Nach einer kleinen Rast in Bonndorf geht es für die meisten Ausflügler auf der gleichen Route zurück, aber geübte Radler können die Tour auch verlängern, zum Beispiel bis zum Seenradweg, wo es ein wenig knackiger zur Sache geht.

TIPP Im alten Bahnhof von Kappel-Grünwald gibt es heute Ferienwohnungen zu mieten.

Bähnle-Radweg, Start Bahnhof Neustadt, 27 km bis Bonndorf
ÖPNV: Zug zum Bahnhof Neustadt (Fahrradmitnahme begrenzt möglich)

Kathedrale der Bücher

64 *In der Rokokobibliothek von St. Peter*

Schon Cicero wusste es: *Ein Raum ohne Bücher ist ein Körper ohne Seele.* Hermann Hesse hat es später bekräftigt: *Ein Haus ohne Bücher ist arm, auch wenn schöne Teppiche seine Böden und kostbare Bilder die Wände bedecken.* Philipp Jakob Steyrer, der dem Benediktinerkloster St. Peter von 1749 bis 1795 vorstand, muss das früh erkannt haben. Unermüdlich trieb er die Fertigstellung des prächtigen Bibliothekssaales voran. Ihm verdanken wir diesen vielleicht schönsten Rokokoraum im Breisgau. Bedeutende Künstler waren an Bau und Ausstattung beteiligt: der Architekt Peter Thumb, der Stuckateur Johann Georg Gigl, der Bildhauer Matthias Faller. Das Gesamtkonzept trägt jedoch die Handschrift des jungen Abts. Die Bildersprache in dem reich geschmückten Saal ist von oben nach unten zu lesen, wie Hans-Otto Mühleisen, langjähriger Kenner des Klosters, erklärt. Ganz oben schwebt das große und doch federleicht anmutende Deckengemälde von Benedikt Gambs. Darauf gibt der Vater der Lichter, der dreifaltige Gott, den Inhalt der Bücher an die Autoren des Alten und Neuen Testaments weiter. Von dort werden Wissen und Weisheit nach unten verbreitet, bis in die Abtei St. Peter und in alle Lande. Der prunkvolle Raum ist nicht nur ein Gesamtkunstwerk, sondern zugleich ein heilsamer Ort für Körper und Psyche. Zahlreiche Allegorien und Embleme verdeutlichen dies: die Medizin, der Arzt, der volle Mond, der Brunnen, der sich allen Wissensdurstigen anbietet. Und die Bücher? Bis 1806 hatten sich etwa 20.000 Bände angesammelt. Darunter wertvolle Handschriften und Wiegendrucke. Nach der Säkularisierung fielen die kostbarsten Schriften an die Hofbibliothek in Karlsruhe, andere wanderten in die Universitätsbibliothek nach Freiburg. Aber dank Ignaz Speckle, dem letzten Abt von St. Peter, verblieben immerhin 920 Bände an Ort und Stelle. Später wurden die Regale vom ansässigen Priesterseminar wieder mit Schriften bestückt. Die wunderbare Rokokobibliothek kann im Rahmen von Führungen besichtigt werden.

Rokokobibliothek, Klosterhof 2, 79271 St. Peter, Tel. (0 76 60) 91 01 12
ÖPNV: RVF Bus 7205, 7216, Haltestelle St. Peter Zähringer Eck, ca. 260 Meter Fußweg

Reisen wie anno dazumal

65 *Eine Planwagenfahrt durchs Murgtal*

Der Behringerhof in Hänner ist alles andere als ein gewöhnlicher Bauernhof. Tiere gibt es natürlich, und das nicht gerade wenige. Ziegen, Hühner, Fische, Hasen, Ponys und Pferde. Aber da endet die Gemeinsamkeit mit einem normalen Hof auch schon. Gleich bei der Ankunft merkt man es: keine Hektik, keine gestressten Gesichter, stattdessen strahlende Kinder, lächelnde Erwachsene, zufriedene Vierbeiner. Der weitläufige Hof ist Glücksort, Rummelplatz und Lernbauernhof in einem. Menschen mit und ohne Handicap können auf dem barrierefrei gestalteten Gelände Erlebnisse der ganz besonderen Art genießen. Für Kinder sind die zahmen Tiere am interessantesten. Die Ziege Ronja zum Beispiel. Sie läuft den Besuchern schon mal wie ein Hündchen hinterher. Kleinere Tiere finden in Heidi Behringers selbst entwickelter Streichelschürze ein warmes Nest – und liebevolle Hände.

Die Erwachsenen kommen eher, um eine stimmungsvolle Planwagenfahrt zu unternehmen. „2002 habe ich meinen Kutschenführerschein gemacht“, erzählt die Frau des Hauses mit einem Lächeln, das auch nach all den Jahren noch ganz viel Leidenschaft ausstrahlt. „Damals hatten wir nur zwei Pferde und einen einzigen Wagen. Das Ganze war ja nur ein Hobby.“ Es dauerte aber nicht lange, bis aus dem Hobby eine Berufung wurde. Heute gehören mehrere Planwagen, eine historische Postkutsche, eine Hochzeitskutsche und ein Pferdeschlitten zum Fuhrpark. „Das Hotzenwälder Murgtal ist voller Attraktionen“, schwärmt Heidi Behringer. Immer wieder finden sich unterwegs schöne Plätze zum Verweilen. „Wir garnieren die Fahrten mit Sagen und Anekdoten über das, was am Wegesrand vorbeizieht.“ Wer sich richtig treiben lassen will, bucht am besten eine Fahrt ins Blaue. Ziel unbekannt, aber das Vergnügen ist garantiert. Eine solche Kutschfahrt ist das perfekte Mittel, um die Seele baumeln zu lassen. So ging Reisen früher, und so macht es noch immer am meisten Spaß!

TIPP

Wie wär's mit einer Kutschfahrt mit Wanderung oder Käsefondue?

Kutschfahrten Behringer-Hof, Kirchbergstraße 12, 79730 Murg-Hänner, Tel. (0 77 63) 51 70
www.murgtal-fahrten.de

ÖPNV: WTV Bus 7326, 7330, Haltestelle Hänner, Murg, ca. 150 Meter Fußweg

Zur blauen Stunde

66 *Auszeit im Hotel Halde bei Hofsgrund*

Einkehr in Traumlage – manchmal muss man sich einfach selbst ein paar besondere Momente schenken! Das historische Gasthaus Halde steht oben auf dem Schauinsland wie ein warmes Nest in herrlicher Landschaft. Weit reicht der Blick – über satte Matten, auf Hofsgrund und bis hin zum Feldberg. Modern und heimelig zugleich. Im Winter taut die rote Nase am besten im gemütlichen Kaminzimmer auf, im Sommer erfrischt ein Besuch im Biergarten. Zu jeder Jahreszeit ist die verglaste Teestube im Foyer ein Highlight. Umsorgt vom freundlichen, unaufdringlichen Personal fühlt man sich als Gast aufgehoben, verfällt in behagliche Zufriedenheit und genießt die grandiose Aussicht bei Kaffee und Kuchen. Wenn die Sonne versinkt und die blaue Stunde anbricht, entfaltet die Halde ihren besonderen Zauber. Dann erstrahlt sie weithin sichtbar in freundlichem Licht, einladend und Genuss versprechend. Vielleicht liegt es an der langen Tradition, dass der Ort so viel Gastlichkeit verströmt. Vor über achthundert Jahren wurde mit dem Dyselmuothof ein erstes Bauernhaus erwähnt, das später den Namen Haldenhof trug. Vierhundert Jahre lang befand sich das Haus im Besitz der Familie Wißler. Als der Schwarzwaldtourismus Ende des 19. Jahrhunderts boomte, begann auch die Blütezeit der Halde. Der Gebäudekomplex wuchs, zum Stammhaus gesellte sich ein dreistöckiger Hotelanbau. Auch die ehemalige „Damenpension" Dreyerhäusle nebst Kapelle gehörten alsbald zum Ensemble. Seit dem Jahr 2000 betreibt die Familie Hegar die neue Halde. Zuvor war das Gebäude umfassend saniert worden. Wer alte Fotografien mit dem heutigen Komplex vergleicht, erkennt, wie behutsam dies geschah und wie gekonnt der Charme der Gebäude bewahrt wurde. Auf der kleinen, aber feinen Speisekarte stehen köstliche und raffinierte Spezialitäten aus heimischen Produkten. Und wenn die blaue Stunde schließlich in die Nacht übergeht, mag so mancher Gast gar nicht mehr aufbrechen. Wie gut, wenn man dann ein Zimmer im Hotel gebucht hat!

TIPP Berg-Spa und Sauna mit Aussicht sind perfekt für einen Verwöhntag.

Hotel Die Halde, Halde 2, Am Schauinsland, 79254 Oberried-Hofsgrund, Tel. (0 76 02) 9 44 70
www.halde.com

ÖPNV: RVF Bus 7215, Haltestelle Schauinsland Halde

Idylle am See

67 *Geheimtipp Schlüchtsee Grafenhausen*

Die Einwohner von Grafenhausen und Umgebung kennen ihn natürlich. Aber im restlichen Schwarzwald ist der Schlüchtsee eher unbekannt. Völlig zu Unrecht! Denn an seinen Ufern lässt sich hervorragend ein unbeschwerter Ferientag verbringen – mit ganz unerwarteten Erlebnissen und Möglichkeiten. Das Kloster St. Blasien ließ einst die Schlücht aufstauen, um einen Eisweiher für die Brauerei zu schaffen. Später nutzte eine Textilfärberei das Wasser. An diese pragmatische Nutzung erinnert heute nichts mehr. Die Natur hat die Oberhand zurückgewonnen, und der Schlüchtsee hat sich zum wohligen Draußen-Paradies gemausert. Ein Seerosenbereich verwöhnt das Auge und lädt zum Träumen ein. Am Badestrand ist süßes Nichtstun angesagt. Der Kiosk bietet Erfrischungen und Snacks. Etliche Wanderwege führen zum See, und der Schlühüwanapark grenzt direkt an ihn an. Ein merkwürdiger Name, der neugierig macht! Was verbirgt sich dahinter? Schlüchtsee-Hüsli-Wald-Naturpark heißt er ausgeschrieben. Riesige knallbunte Skulpturen aus Wurzeln und Baumresten erfreuen Kinderherzen. Eine ganz andere Attraktion hat der nostalgische Schlüchtseehof zu bieten: das große Glück der Erde – Pferde! Vor dreißig Jahren erfüllte sich Bernhard Rudolf einen Traum: Er begann mit der Zucht von südamerikanischen Criollo-Pferden. Aus der Stutenmilch ließ er Biokosmetik herstellen. Fein abgestimmt mit Kräutern und pflanzlichen Ölen, ist sie die perfekte Pflege für die Haut. Inzwischen hat der Züchter die eigene Stutenmilchproduktion aufgegeben, die Milch für seine Kosmetikprodukte stammt von anderen Biohöfen. Die Cremes und Lotionen des Labels Criolla gibt es im Internet – und auch im kleinen Laden auf dem Hof. Dieser hat unregelmäßige Öffnungszeiten, es empfiehlt sich darum, vorher anzufragen. Unabhängig davon schenkt das Betrachten der Tiere dem Besucher Ruhe und Inspiration. Ein Pferd im Galopp, das ist, als ob es mit dem Wind fangen spielt. Herrlich!

Schlüchtsee, 79865 Grafenhausen
www.schluechtsee.de
ÖPNV: WTV Bus 7342, 7343, Haltestelle Grafenhausen Hüsli, ca. 1,3 Kilometer Fußweg

Mit der Zeit gehen

68 *Der U(h)rwaldpfad auf dem Rohrhardsberg*

Er trägt das Prädikat „Genießerpfad". Was steckt wohl dahinter? Ganz einfach: Die Genießerpfade des Schwarzwaldes greifen jeweils ein spezielles Thema auf, sei es Wasser, Kulinarik, Weitblick oder „typisch Schwarzwald". Zur letzten Kategorie gehört der U(h)rwaldpfad. Startpunkt ist am Wanderparkplatz Mühlebühl, wo auch ein Flyer mit der Wegbeschreibung ausliegt. Gleich zu Beginn der Tour wartet auch schon der erste Hingucker. Da hängt doch tatsächlich eine Kuckucksuhr am Baumstamm! Na, so etwas! Sie zeigt zwar nicht die aktuelle Zeit, aber darunter steht ein weiser Spruch von Jugendbuchautor Michael Ende über verlorene Stunden. Und es bleibt nicht bei dieser einen Uhr. Kurz darauf, nachdem man die Elz überquert hat, folgt schon die nächste. Ja, Uhrwaldpfad ist wörtlich zu nehmen! Auf dem gesamten Rundwanderweg wird man immer wieder auf welche stoßen – Schwarzwälder Kuckucksuhren in allen Farben, Größen und Formen. Kluge Zitate zum Thema Zeit geben Denkanstöße. Und ganz nebenbei dienen die hübschen Uhren auch noch als Brut- und Nistplätze für Waldvögel. Der Pfad erhält durch sie etwas Mystisches – die eigenartige Mischung aus Natur und zeitlosen Zeitmessgeräten versetzt in eine entspannte Stimmung und hält die Hektik des Alltags fern. Etwa auf halber Strecke lockt dann ein ganz anderer Genuss: das Gasthaus zur Schwedenschanze. Vom langjährigen „Schänzlewirt" Josef Burger, auch liebevoll „Rohrhardsberger Sepp" genannt, im Jahr 1932 erbaut, genießt das Lokal seit vielen Jahren Kultstatus und ist der perfekte Ort für eine Einkehr. Frisch gestärkt, geht es danach über offene Flächen bergab, vorbei am Schänzlehof und dem denkmalgeschützten Ochsenhof. Der Blick schweift immer wieder in die Ferne. Am Bach entlang steigt der Weg weiter bergab und stößt schließlich wieder auf die Elz. Von Uhren gesäumt, führt er an den Elzfällen vorbei zurück zum Ausgangspunkt.

TIPP

Nicht im Winter kommen, denn da werden die Uhren abgehängt!

U(h)rwaldpfad Rohrhardsberg, Start am Wanderparkplatz Mühlebühl

ÖPNV: RVF Bus 7274, Haltestelle Schonach Mühlebühlbrücke (nur an Samstagen, Sonn- und Feiertagen), Rundweg 8,7 Kilometer

SCHWARZWALD
GENIEßERPFADE
U(h)rwaldpfad
Rohrhardsberg
Nicht in die ferne Zeit
verliere dich!
Den Augenblick ergreife,
der ist dein.
Friedrich Johann Christoph
Schiller
10 b

Wie wir wohnen wollen

69 *Der Vitra Campus in Weil am Rhein*

Alles begann mit einem Stuhl. Die Erfolgsgeschichte des Schweizer Unternehmens ist untrennbar mit dem Eames Shell Chair, dem ersten Stuhl mit Kunststoffschale, verbunden. Aber er ist nicht der Grund, weshalb alljährlich Abertausende zum Vitra Campus nach Weil am Rhein pilgern. 1981 vernichtete ein Brand große Teile der Produktionsanlagen und erforderte Neubauten. Firmenchef Fehlbaum beauftragte namhafte Architekten mit dieser Aufgabe und legte damit den Grundstein für ein neues Mekka der Baukunst. Man muss kein Architekturexperte sein, um den Spaziergang über den Vitra Campus zu genießen! Die einzigartige Mischung aus modernem Design, Funktionalität und künstlerischem Ausdruck erschließt sich auch dem Laien. Schließlich ist die Frage nach zeitgemäßem Wohnen für uns alle interessant. Eine Reihe von Gebäuden befindet sich im öffentlich zugänglichen Bereich. Flaggschiff ist das Vitra-Haus aus dem Jahr 2010 von Herzog & de Meuron. Als hätte ein Tornado mehrere Giebelhäuser durcheinandergewirbelt und verschachtelt wieder aufeinandergestapelt, so wirkt das futuristische Bauwerk. Es beherbergt unterschiedliche Möbelarrangements sowie den Shop und das Café. Strahlend weiß steht der Museumsbau von Frank Gehry auf der grünen Wiese, und das Auge kann sich zunächst nicht entscheiden, wo es entlangwandern soll. Türme, Rampen, Ecken und Rundungen – wo ist innen, wo ist außen? Auf der 500 Meter langen Alvaro Siza Promenade finden sich weitere Zeugnisse zeitgenössischer Architekten. Den perfekten Überblick über den Campus bietet die Aussichtsplattform auf dem Vitra Rutschturm von Carsten Höller. Er ist vielleicht die kunstvollste Rutschbahn der Welt, denn seine Konstruktion aus schräg stehenden Stahlstützen und einer drehbaren Uhr im Zentrum ist einzigartig. Der Spaziergang über den Campus beflügelt auf jeden Fall die Fantasie. Wie wollen wir wohnen? Modern? Funktional? Außergewöhnlich? Oder von allem etwas?

TIPP Bei den täglichen Architekturführungen dringt man auch zu den nicht öffentlich zugänglichen Gebäuden vor.

Vitra Campus, Charles-Eames-Straße 2, 79576 Weil am Rhein, Tel. (0 76 21) 70 20
www.vitra.com

ÖPNV: Zug nach Bahnhof Weil am Rhein, ca. 1,6 Kilometer Fußweg; SWEG Bus 55, Haltestelle Vitra

Vesperzeit im Blockhaus

70 *Urige Fischerhütte am Nonnenmattweiher*

Der Nonnenmattweiher ist sicher einer der verwunschensten Orte im südlichen Schwarzwald. Der kleine Karsee liegt inmitten eines Naturschutzgebietes. Dunkle Nadelbäume rahmen seine Ufer, und eine einzigartige Torfinsel schwimmt auf seinem tiefblauen Wasser wie der Rahm auf der Milch. Sie entstand im 18. Jahrhundert, als der See künstlich aufgestaut wurde. Unzählige seltene Pflanzen und Tiere finden hier ein Rückzugsgebiet. Der seltsame Name hat übrigens nichts mit Ordensfrauen zu tun, auch wenn eine alte Legende von einem versunkenen Kloster anderes weismachen will. Als Nonnen oder auch Nunnen bezeichnete man im Schwarzwald früher ungedeckte Kühe, die zur Mast vorgesehen waren und auf den saftigen Matten grasten. Der Weiher ist zu jeder Jahreszeit ein Augenschmaus. Im Frühjahr erstrahlt er in frischem Grün, wenn sich die jungen Triebe im Wasser spiegeln. Im Sommer sind es die üppige, satte Natur und das Zirpen der Grillen, die das Herz erfreuen. Der Herbst lockt mit einer Fülle von warmen Farben, und im Winter zieht der See Langläufer und Schneeschuhwanderer an. Aber so mancher Besucher kommt auch nur, weil man hier so schön einkehren kann! Wo? In der Fischerhütte, etwa zweihundert Meter vom See entfernt. Sie ist ein rustikales Blockhaus mit uriger Gaststube und gemütlichem Außenbereich. Der Name ist Programm, denn neben dem klassischen Schwarzwaldvesper gibt es Bachforellen aus dem Weiher. Geräuchert, gebraten oder überbacken – eine Köstlichkeit! Angler mit gültigem Fischereischein können bei den Hüttenwirten Karten beziehen und selbst ihr Glück versuchen. Aber für den schnellen Hunger ist das Vesper im Blockhaus die bessere Alternative. Auch die selbst gemachten Kuchen und Torten verwöhnen den Gaumen. Dazu kommt die einladende Herzlichkeit der Wirtsleute Roswitha Eichin und Werner Schwald. Ein heimeliger Platz zum Wohlfühlen und Wiederkommen!

Fischerhütte Nonnenmattweiher, 79692 Kleines Wiesental, Tel. (0 76 73) 93 23 81
www.fischerhuette-nonnenmattweiher.de
ÖPNV: RVL Bus 7310, Haltestelle Neuenweg, Kleines Wiesental, ca. 2 Kilometer Fußweg

Eintauchen und mitfiebern

71 *Bei den Burgfestspielen Rötteln in Lörrach*

Langsam senkt sich die Dämmerung über die Türme der Burg Rötteln. Im schwindenden Licht wirkt sie kaum wie eine Ruine, eher wie eine prächtige Festung aus längst vergangener Zeit. Dem Bauernkrieg hat sie getrotzt, ebenso dem Dreißigjährigen. Erst der holländische Erbfolgekrieg und die französischen Truppen unter Marschall Créqui konnten sie zerstören. Doch die Spornburg oberhalb von Lörrach gibt nicht klein bei! Bis heute nicht. Sie ist noch immer bedeutend – als Ausflugsziel, als Zeitzeugnis, und jedes Jahr im Sommer als atemberaubende Kulisse für Freilufttheateraufführungen. Die besondere Szenerie, die geschichtsträchtige Atmosphäre, die angestrahlten Türme – sie alle spielen mit und übernehmen gelegentlich sogar die Hauptrolle. Über drei terrassenförmige Ebenen ziehen sich die Zuschauertribüne und die Spielflächen. Man ist mittendrin im Geschehen, vergisst die Zeit. Gänsehautfeeling stellt sich ein, wenn Elfen und Feen auf der Bühne tanzen, wenn sich eingebildete Kranke, mörderische alte Damen oder der Tod höchstselbst ein Stelldichein geben. Shakespeare, Dürrenmatt und Brecht sind häufige Gäste auf Burg Rötteln. Gründungsmitglied der Burgfestspiele war der Heimatforscher und Theatermann Erhard Richter aus Grenzach Whylen. Aus seiner Feder stammt auch das erste Stück, das hier aufgeführt wurde: Markgraf Ernst und der Bauernaufstand. Siebzehnmal führte Richter bei den Festspielen Regie. Von einigen professionellen Regisseuren abgesehen, wird das Spectaculum von ganz vielen begeisterten Amateuren getragen. Darsteller, Bühnentechniker, Maskenbildner, Schneider, Kulissenmaler – sie alle sind mit Leidenschaft bei der Sache. Inzwischen ist es dunkel geworden auf der Burg. Nach lang anhaltendem Applaus erlischt schließlich auch auf der Bühne das Licht. Doch ein bisschen etwas von der entrückten Stimmung nehmen die Zuschauer ganz sicher mit nach Hause!

Burgfestspiele Rötteln, 79541 Lörrach-Haagen, Tel. (0 76 21) 5 43 62
www.burgfestspiele-roetteln.de

ÖPNV: Zug bis Bahnhof Lörrach-Haagen/Messe, ca. 2,3 Kilometer Fußweg; SWEG Bus 16/6, Haltestelle Haagen Röttelnweiler, ca. 1 Kilometer Fußweg

Schätze aus Stein

72 *Im Museumsbergwerk Finstergrund bei Wieden*

Schon in alten Zeiten wussten es die Märchenerzähler: Im Innern der Berge schlummern bedeutende Kostbarkeiten. Im besten Fall Gold oder Silber. Doch wie schwierig ist es, an sie heranzukommen! Deshalb erfand man die Zwerge, klein gewachsene Gesellen, die jene Schätze eifersüchtig hüten. Im Besucherbergwerk Finstergrund gibt es weder Gold noch Silber. Und auch keine Zwerge. Aber funkelnde Kostbarkeiten gibt es sehr wohl! Bis in die 70er-Jahre wurden hier Fluss- und Schwerspat abgebaut, zwei grün und gelb oder weiß und violett schimmernde Mineralien, die in der Industrie Verwendung finden.

160 Millionen Jahre hat die Erde gebraucht, um die farbenfrohen und kristallreichen Erzgänge zu schaffen, die den Berg durchziehen. Inmitten von hartem Gneis leuchten sie wie magische Bänder. Ein Anblick, der begreiflich macht, warum man manchen Steinen besondere Kräfte und Heilwirkung nachsagt. Grüner Fluorit (Flussspat) soll beispielsweise Aufnahmefähigkeit und Kreativität steigern, für Klarheit sorgen und den Ordnungssinn schärfen. Uns ist es vergönnt, die steinerne Pracht von Jahrmillionen ohne körperliche Anstrengung zu bestaunen. Ganz authentisch fahren wir mit dem Grubenbähnle in den Stollen ein. Es rumpelt und rüttelt und kitzelt im Bauch. Schnell wird es frischer, bis die Temperatur auf acht Grad gesunken ist. Im Hochsommer eine willkommene Abkühlung. Das Temperaturgefälle sorgt außerdem für eine ständige Luftzirkulation. Ziemlich tief drin sind wir nun im Berg. Beim Rundgang erfahren wir, wie die Gesteine und Erze entstanden sind und wie sie abgebaut wurden, ein kurzer Eindruck vom Lärm des Bohrhammers inklusive.

Nach einer knappen Stunde bringt das Bähnle uns wieder ans Tageslicht, das wir, um eine kostbare Erfahrung reicher, freudig begrüßen. Jetzt noch ein Stück vom Schatz des Berges mit nach Hause nehmen? Kein Problem, im Lädle sind die hiesigen Mineralien erhältlich.

Besucherbergwerk Finstergrund, 79695 Wieden, Tel. (0 76 73) 14 56
www.finstergrund.de

ÖPNV: RVF Bus 7306, Haltestelle Utzenfeld Finstergrund, ca. 550 Meter Fußweg

Glück

Grenzenlos närrisch

73 *Fastnachtsglück in den Narrenstuben von Bonndorf*

„Zu Fasnet ist der Narr ein König und beherrscht die ganze Welt. Was morgen kommt, das schert ihn wenig, wenn er nur heut die Kron' behält." Im Bonndorfer Schloss geht der Traum eines jeden echten Narren in Erfüllung: Hier endet die fünfte Jahreszeit niemals, hier ist das ganze Jahr Fasnet! In Mittelalter und Früher Neuzeit waren die närrischen Tage das Gegengewicht zur anschließenden Fastenzeit. Während Letztere ganz auf fleischliche Genüsse verzichtete, war die Zeit davor das Fest der sinnlichen Lüste. Sechs Tage lang benahm man sich wie ein Narr und stellte alles auf den Kopf, was sonst als gut und richtig galt. Obwohl diese Ursprünge heute nicht mehr die gleiche Bedeutung haben, sind viele Bräuche überliefert. Das Gesicht versteckte man schon damals hinter Masken und Larven, den Rest des Körpers im Narrenkostüm. Im Mittelalter herrschten Eselsmasken vor, auch Teufel und Dämonen trieben ihr Unwesen. Später fanden zunehmend italienische Comedia-dell'Arte-Figuren Einzug in die schwäbisch-alemannische Fasnet. Masken und Kostüme wurden bunter, die Vielfalt wuchs. Der Bonndorfer Theo Hany (1924–2012) hat diesen Masken und Kostümen ein Museum und ein gehöriges Stück Lebenszeit gewidmet. In den insgesamt 15 Narrenstuben hinter der stattlichen Fassade des Schlosses befinden sich über vierhundert Miniaturen, originalgetreu den wichtigsten Fastnachtsfiguren aus Schwarzwald und Baar nachgebildet. Jedes Detail stimmt: Farben und Muster der Häsbemalung, die Mimik der Larven. Zwanzig bis vierzig Stunden Arbeit stecken in jeder der Figuren. Zu originellen Arrangements zusammengefügt, vermitteln sie ein lebendiges Bild der hiesigen Fasnet. Im fürstlichen Gewölbekeller des Schlosses ist schließlich die Maskensammlung untergebracht. Schaurig-schön die einen, verschlagen oder keck die anderen, manche respektlos oder liebestoll.

TIPP Wer Hintergrundinfos haben möchte, kann auch eine Führung buchen.

Schloss-Narrenstuben, Schloßstraße 9, 79848 Bonndorf, Tel. (0 77 03) 2 33
www.pflumeschlucker-bonndorf.de

ÖPNV: WTV Bus 950, 7345, RVF Bus 7258, 7343, 7344, 7346, Haltestelle Bonndorf Schulzentrum, ca. 450 Meter Fußweg

Vom Gletscher geküsst

74 *Kleine Runde um den Feldsee*

Er ist der höchste im Schwarzwald und schon deshalb eine Reise wert. Der Feldberg ist spitze – obwohl sein Gipfel eher rund ist. Er ist ein Berg der Gegensätze und ein Naturpark voller Attraktionen. Er ist das Wahrzeichen des südlichen Schwarzwalds, an dem kein Weg vorbeiführt. Unsere kleine Wanderrunde um den Feldsee bietet genügend Schönes, um tagelang davon zu zehren. Los geht's am Feldberger Hof, und zwar erst einmal bergab. Das Etappenziel Feldsee ist ein kreisrundes Überbleibsel der letzten Eiszeit. Schroffe Felswände spiegeln sich im klaren Wasser, fast als hätte die Natur zu Pinsel und Farbe gegriffen, um ein Postkartenidyll zu schaffen. Baden darf man hier nicht, aber wir wandern einmal rundherum, um das grandiose Panorama auch wirklich von allen Seiten zu genießen. Dann ist die nächste Station schon nicht mehr weit: der Raimartihof. So malerisch liegt er inmitten der Wiesen des Seebachtals, dass eine Einkehr im Gasthof fast unumgänglich ist. Frisch gestärkt, zweigen wir auf den markierten Emil-Thoma-Weg ab, einen bildschönen Pfad über Wurzeln und Felsen. Er führt hinauf zu den Hochweiden des Feldbergs, wo traumhafte Aussichten auf uns warten. Jetzt sind wir im Hochgebirge, zumindest fühlt es sich so an. Bis weit in den Frühsommer hinein halten sich in schattigen Winkeln Schneenester – perfekt zum Abkühlen. Das nächste Ziel ist schon weithin sichtbar: der Bismarckturm oben auf dem Hochplateau. Dort sehen wir den Feldsee noch einmal von oben und können stolz auf uns sein, weil der Anstieg nun geschafft ist. Der Start- und Zielpunkt liegt uns jetzt zu Füßen, es geht nur noch ein knappes halbes Stündchen bergab. Die kleine Runde hat zu jeder Jahres- und Tageszeit ihren ganz speziellen Reiz, aber besonders schön ist sie im Frühsommer, wenn alles taufrisch und sattgrün ist. Wer es einsam liebt, geht am besten erst am Nachmittag los. Mit ein bisschen Glück ist man dann am Abend auf der Hochebene ganz allein!

TIPP

Im Haus der Natur gib es eine interaktive Ausstellung zum Naturschutz u.v.m.

Kleine Feldseerunde, Start am Haus der Natur, Dr.-Pilet-Spur 4, 79868 Feldberg
ÖPNV: RVF Bus 7300, Haltestelle Feldberg

Neues Glück aus altem Holz

75 *Die nostalgische Altholzgarage in Bahlingen*

Es war einmal eine alte Scheune. Sie stand seit 1941 in Gottmadingen. Doch ihre besten Tage hatte sie längst hinter sich. Sie stand leer, verfiel und wurde schließlich abgerissen. Das unausweichliche Ende eines alten Schuppens. Aber nicht das Ende des robusten Holzes, aus dem er einst errichtet wurde! Denn zum Glück hat Jan Knopp, Inhaber der Altholzgarage in Balingen, von dem Abriss gehört. Er kümmert sich um altes Holz und zaubert daraus neue Einrichtungen voller Atmosphäre und mit einem ganz speziellen Charme. Wer bei ihm einkauft, kennt die Vorgeschichte seines Möbelstücks oder seiner Wandverkleidung. Für Jan Knopp ist Altholz der beste Werkstoff der Welt. Weil man genau weiß, wie er zu seiner unverwechselbaren Patina gekommen ist. Deshalb gibt es auch Zertifikate für die fertigen Wohnaccessoires, Türen oder Wände. „Wir suchen uns die besten Stücke aus", erklärt der kreative Unternehmer. „Dann werden sie getrocknet, gebürstet und gelagert, bis sie ihre neue Bestimmung finden." Die Arbeiten der Altholzgarage lassen sich in Läden, Bars, Hotels und Privathäusern bewundern. „So ein Raum ist warm, robust und atmet ein Stück Heimat aus", lächelt der Inhaber. „Er ist stimmungsvoll und absolut einzigartig." Man kann einzelne Möbelstücke auch mieten. Eine Doppeltüre nebst Laufsteg zum Beispiel. Perfekt für eine Trauung im Freien. Einen Strandkorb, eine Couch, einen stilvollen Stehtisch – als i-Tüpfelchen für das private Fest. Wer weder eine neue Einrichtung noch ein Möbelstück benötigt, wird im Shop in Bahlingen vielleicht trotzdem fündig. „Schilder sind unser neuester Verkaufsschlager", verrät eine Mitarbeiterin. Heimatschilder mit den Wahrzeichen des Schwarzwaldes. Spruchschilder mit Lebensweisheiten, scherzhaften Phrasen oder einfach einem kurzen *Salli*. „Menschen sind einfach glücklicher, wenn sie sich in einem Raum wohlfühlen", fasst Jan Knopp seine Geschäftsidee zusammen. „Und dafür arbeiten wir, mein Team und ich."

Alt.Holz.Garage, Schochenwinkel 5, 79353 Bahlingen, Tel. (0 76 63) 9 42 92 00
www.altholzgarage.de
ÖPNV: S11, Bahnhof Bahlingen, ca. 1 Kilometer Fußweg

GIB DEINEM LEBEN EINEN GIN!
Familie
Holzwurm
da heim
N
W
E
Ich
+
Du
=
da heim
Salli
Wein
da heim ...
da heim
Teresa & Jan
02 NOV 2018
da heim
Diogo et Jan Kiki
Life IS TOO SHORT to DRINK BAD WINE
Lieblingsmensch
da heim

Mit Schwung aufs Grün

76 *Auf dem Abenteuergolfplatz in Lenzkirch-Kappel*

Oh nein! Er wird doch nicht etwa … Doch. Er wird. Der Ball kullert und kullert – und natürlich direkt in den Bach. Dabei lag er schon so dicht vor dem Loch! Na, egal. Dann eben ein neuer Versuch. Am nächsten Grün steht ein hölzerner Uhrenträger mit Hut, Bart und einer voll beladenen Krätze. Müssen wir den Golfball vielleicht zwischen seinen Beinen hindurch spielen? Ja, beschließen wir. Wenn schon, denn schon. Und diesmal klappt es besser. Mit einem eleganten Schwung holt der Schläger aus, trifft den Ball mit wohldosierter Wucht, präzise zirkelt dieser vors Loch und bleibt in aussichtsreicher Position liegen. Es wird ein Zwei-Schlag-Erfolg, ein Hammer-Ergebnis für einen Amateur. Aber einfacher wird der Parcours auf dem Abenteuergolfplatz in Lenzkirch-Kappel trotzdem nicht. Jetzt gilt es doch tatsächlich, den Ball durch ein bewegtes Mühlrad zu katapultieren. Da ist der richtige Zeitpunkt für den Abschlag gefragt. Und? Getroffen! Wenn auch nur haarscharf. Kann ein Minigolfplatz ein Abenteuerort sein? Ja, eindeutig. Jede Bahn bietet Überraschungen. Jede Bahn steht unter einem schwarzwaldtypischen Motto und ist detailverliebt gestaltet. Mit Springschanze, Mühle, Glasbläsern oder dem Ravennaviadukt zum Beispiel. Während man darauf wartet, wieder an die Reihe zu kommen, kann man die Infotafeln lesen und ganz nebenbei noch etwas lernen. Dann kommt die nächste Station. Hoppla! Diesmal geht es ins Dunkle, und wir sehen gar nicht, wo der Ball landet. Das Geräusch von Eisen und Schlägel verrät, wo wir uns befinden: Untertage! Diese Bahn ist dem Bergbau gewidmet und eine besondere Herausforderung. Aber irgendwann erreichen wir wieder das Tageslicht und setzen mit einem kleinen Holzfloß zum nächsten Grün über. Nach 18 Stationen ist der Platz bewältigt, und der Sieger steht fest. Jetzt geht es entweder in den angeschlossenen Biergarten – oder es gibt eine Revanche.

TIPP Wenn die Füße brennen – ab zur nahen Wassertretstelle!

Abenteuer-Golfpark Hochschwarzwald, Am Kurgarten 1, 79853 Lenzkirch-Kappel, Tel. (0 76 41) 65 88, www.abenteuergolfpark.de

ÖPNV: RVF Bus 7258, Haltestelle Kappel Kirche, ca. 600 Meter Fußweg

Spaß auf Kufen

77 *Eislaufen am Titisee*

Väterchen Frost muss natürlich mitspielen beim eisigen Vergnügen am Titisee! Erst wenn er seinen kalten Atem ausgehaucht hat, erst wenn die Eisdecke dick genug ist, beginnt der Schlittschuhspaß. Aber dann geht es rund! Nach den ersten vorsichtigen Schritten sind die Schuhe schnell wieder eingelaufen und eine kleine Pirouette gedreht. Herrlich, wie der kühle Fahrtwind die geröteten Wangen streichelt und wie die Dampfwölkchen vom Ausatmen kaum hinterherkommen, bei der zunehmend rasanten Fahrt! Das leise Kratzen der Kufen auf der Eisfläche klingt wie Musik im Ohr – denn Schlittschuhlaufen gehört zum Winter wie Weihnachten und Schnee. In kalten Wintern ist die markierte Natureisfläche auf dem Titisee etwa zwei Quadratkilometer groß – da kommt man sich nicht so schnell ins Gehege. In der kalten Jahreszeit geht es in dem beliebten Urlaubsort beschaulicher zu als in den Sommermonaten. Dann entfaltet der See seinen ursprünglichen Liebreiz und zeigt sich von seiner romantischen Seite. Ringsum erstrahlen einladende Lichter, wenn der Tag sich neigt und die Dunkelheit heranschleicht. In den weniger kalten Wintern, in denen der See nicht die nötige Eisdicke erreicht, lockt direkt nebenan das Hermeshof-Eisstadion. Es existiert schon seit 1958 und liegt in einer Senke, dort, wo die Gutach den See verlässt. Der Bach liefert das Wasser für das Natureisstadion, das früher hauptsächlich als Eishockeyspielfläche genutzt wurde. Bis zu zwanzig Punktspiele fanden hier pro Wintersaison statt! Auch heute wird noch trainiert – meist abends bei Flutlicht. Die Anlage ist sogar fernsehtauglich, aber die goldenen Jahre der „Helden vom Titisee" sind längst vorbei. Tagsüber steht das Stadion jedermann offen und ermöglicht das Schlittschuhvergnügen im Freien. Nach den letzten forschen Schritten und Gleitzügen auf dem Eis wollen Nase, Hände und Ohren dann wieder aufgetaut werden. Kein Problem, ein gemütliches Lokal und ein Gläschen Glühwein finden sich am Titisee ganz bestimmt!

Natureisfläche Titisee und Eisstadion Hermeshof, Hermeshofweg 4, 79822 Titisee-Neustadt, Tel. (0 76 51) 93 98 92

ÖPNV: Zug bis Bahnhof Titisee, ca. 400 Meter Fußweg

Erstrahlt in neuem Glanz

78 *Kleinod Weiler Kapelle bei Dittishausen*

Weithin sichtbar steht sie da und reckt kühn ihren offenen Glockenturm in den Himmel. Ihr hellgelber Anstrich erinnert an Zitronenfalter, tiefrote Rosen zieren ihre Fassade. Das weit herabgezogene Schindeldach funkelt im Sonnenschein, im Hintergrund bildet der Waldrand einen reizvollen Kontrast. Kein Zweifel, das ist ein Ort, den man nicht links liegen lässt! Bänke laden zum Verweilen ein, Tische und ein Brünnlein ergänzen das Ensemble. Ein lieblicher Platz an der Sonne. Das war jedoch nicht immer so! Die Weiler Kapelle hat eine lange und wechselhafte Geschichte hinter sich. Und immerhin schon 580 Jahre auf dem Buckel. Auf dem Torbogen der Eingangspforte steht die Jahreszahl 1568. Vermutlich wurde der Vorläuferbau aber schon um 1440 errichtet, wie Untersuchungen der Jahresringe im Holz ergaben. Früher befand sich der Eingang zur Straße hin, aber weil die starken Winde beim Öffnen der Tür regelmäßig alle Kerzen ausgeblasen haben, verlegte man ihn schließlich auf die Seite. Im Jahr 1796 erfuhr das Kirchlein eine weitere Generalüberholung, doch danach ging es mit ihm bergab. Aus dem Jahr 1920 erfährt man, dass es zum Heu-Einlagern verwendet wurde. In den 60er-Jahren gab das erzbischöfliche Ordinariat in Freiburg die Kapelle frei, danach wurde sie als Wanderhütte genutzt – und verfiel fröhlich weiter. Längst war auch die Siedlung Weiler mit ihren großen Höfen, der Säge und einer Mühle von der Landkarte verschwunden. Die äußerst baufällige Kapelle war alles, was von der kleinen Gemeinde übrig geblieben war. Und auch ihr drohte der Abriss. Die Wende kam 2008, als das Haus Fürstenberg die Kirche gegen ein Waldstück eintauschte. Ein Verein gründete sich und restaurierte das Kleinod liebevoll. Heute erstrahlt das Schmuckstück wieder in altem Glanz. Gelegentlich wird das Kirchlein für Gottesdienste genutzt, aber häufig auch für kulturelle Veranstaltungen. Sogar Krimilesungen gab es hier schon!

TIPP

Besonders stimmungsvoll ist die Kräuterweihe, die zu Maria Himmelfahrt im August stattfindet.

Weiler Kapelle, an der Straße K4994 zw. Dittishausen und Unterbränd, 79843 Löffingen-Dittishausen, www.weiler-kapelle.de

ÖPNV: VSB Bus 870, Haltestelle Unterbränd, Abzw. Weiler, ca. 1 Kilometer Fußweg

Hin und weg

79 *Das Nimm-mich-mit-Häusle in Hinterzarten*

Am Ortsausgang von Hinterzarten steht eine merkwürdige kleine Hütte mit einem Bänkle drin. Sie erinnert an eine Bushaltestelle, eine von der gemütlichen Sorte, aber Fahrpläne sucht man hier vergebens. Die ungewöhnliche Station trägt den Namen „Nimm-mich-mit-Häusle“. Was hat es damit wohl auf sich? Die genauere Betrachtung verrät es: Wer hier sitzt, will verreisen. Wahlweise zum Rinken, nach Alpersbach, Lochrütte oder Windeck. Wunderbare Ausflugsziele und Wanderreviere, aber eben nur mit dem Auto erreichbar. Pech für Nichtmotorisierte! Aber zum Glück gibt es ja das kleine Häusle. Einfach den hölzernen Wegweiser mit dem gewünschten Reiseziel ausklappen und abwarten. Zugegeben, diese Art der Fortbewegung ist nichts für Eilige und Ungeduldige. Wohl aber für Kontaktfreudige und Neugierige! Sie schmeckt ein bisschen nach Freiheit und Abenteuer. Es ist eine neue, moderne Art des altbekannten Trampens, und doch ist es ganz anders. Denn oft halten Einheimische, die gleich spannende Geschichten über das Reiseziel mitliefern können. Es soll sogar Nimm-mich-mit-Süchtige geben, sowohl bei den Chauffeuren, als auch bei den Reiselustigen, denen das Ziel am Ende ganz gleichgültig ist, weil das Reisen an sich zum Selbstzweck wird. Vielleicht hält schon nach wenigen Minuten jemand an, vielleicht dauert es aber auch ein Weilchen. Das Warten auf eine Mitfahrgelegenheit ist Teil des Konzepts. Warten und gar nichts tun – wann erlebt man das schon? Loslassen und sich Zeit nehmen sind rare, aber kostbare Momente geworden. Manchmal braucht es ein kleines Häusle, um sich wieder darauf zu besinnen. Wer sich auf diese Art der unberechenbaren Fortbewegung einlässt, erlebt inmitten unserer perfekt getakteten Welt den Reiz des Spontanen und Unwägbaren. Und natürlich gibt es an den jeweiligen Ausflugszielen ebenfalls solche Häusle, damit man am Ende des Tages auch wieder zurückkommt.

Nimm-mich-mit-Häusle, Alpersbacher Straße, 79856 Hinterzarten
ÖPNV: S1, S10, S11, Haltestelle Bahnhof Hinterzarten, ca. 500 Meter Fußweg

Nimm mich mit bis zum
Rinken
Nimm mich mit bis zur
Lochrütte
Nimm mich mit in den
Alpersbach
Nimm mich mit bis zur
Windeck
Initiative Zukunft Hinterzarten

Die Kraft des Wassers

80 *Auf dem Energielehrpfad bei der Linachtalsperre*

Donnerwetter, was für ein imposantes Bauwerk! Mit 143 Metern Länge und 25 Metern Höhe ist die Linachtalsperre Deutschlands einzige Gewölbereihenstaumauer aus Eisenbeton. Fast erinnert sie ein wenig an ein römisches Aquädukt, auch wenn Zweck, Konstruktionsweise und Material natürlich völlig andere sind. Harmonisch fügt sie sich in die umgebende Landschaftskulisse ein. Und trotz ihrer wunderschönen Lage ist sie ein ruhiger, beschaulicher Ort geblieben. Manchmal ist es eben ein Vorteil, wenn es weder Kiosk noch Einkehrmöglichkeiten gibt! Die Staumauer ist begehbar, von oben kann man in die Bögen hineinschauen und die Wucht auf sich wirken lassen. Zwischen 1922 und 1925 wurde die Linachtalsperre erbaut, doch Ende der 60er-Jahre hatte sie als Kraftwerk ausgedient. Nach jahrzehntelangem Dornröschenschlaf ließ die Gemeinde Vöhrenbach sie 2007 sanieren und nahm sie wieder in Betrieb. Seither liefert das Kultur- und Industriedenkmal umweltfreundlichen Strom. Nach der Erkundung der Staumauer muss man sich entscheiden: den Energielehrpfad erwandern oder lieber den Stausee umrunden? Beides hat seinen Reiz. Auf dem etwa fünf Kilometer langen Energielehrpfad erfährt man allerhand Wissenswertes über Bau, Technik und Sanierung des Wasserkraftwerks. Er führt auch an dem schönen Jugendstilgebäude des Kraftwerkhauses vorbei, das etwa zwei Kilometer von der Staumauer entfernt steht. Durch einen unterirdischen Stollen und eine Hangrohrleitung wird das aufgestaute Wasser hierhergeleitet. Der Rundweg um den See ist nur etwa 2,5 Kilometer lang. Trotzdem sollte man mindestens ein Stündchen dafür einplanen, denn er ist so herrlich lauschig, und es gibt so viele schöne Bänke zum Verweilen, dass die Zeit verfliegt. Wer sich gar nicht zwischen den beiden Wegen entscheiden kann und gern auf Schusters Rappen unterwegs ist, erwandert einfach beide!

TIPP In unregelmäßigen Abständen finden unter der beleuchteten Staumauer kulturelle Events statt.

Linachtalsperre, Linachstraße 11, 78147 Vöhrenbach
ÖPNV: VSB Bus 7263, Haltestelle Unterlinach Schwanenbach, ca. 300 Meter Fußweg

Bibliografische Informationen der Deutschen Nationalbibliothek
Die Deutsche Nationalbibliothek verzeichnet diese Publikation in der Deutschen Nationalbibliografie; detaillierte bibliografische Daten sind im Internet über http://dnb.d-nb.de abrufbar.

Konzeption/Satz: Droste Verlag, Düsseldorf
Einbandgestaltung und Illustrationen: Britta Rungwerth, Düsseldorf, unter Verwendung von Bildern von © Fotolia.com: jd – photodesign.de; © iStock: Plociennik Robert
Fotos: Anne Grießer, außer:
S. 23: © Sebastian Wehrle; S. 69: © Hans Jürgen Kugler, S. 77: © Klara Glatz; S. 107: © Wolf Hockenjos; S. 117: © Klaus Hansen; S. 125: © Veit Moosmayer, S. 127: © #heimat/Jigal Fichtner; S. 135: © Leopold Rombach; S. 137: © Heidi Behringer; S. 139: © Andreas Gerhardt, Die Halde, S. 149: © Michael Leipelt

MIX
Papier aus verantwortungsvollen Quellen
FSC® C011279

Druck und Bindung: LUC GmbH, Greven
ISBN 978-3-7700-2274-8

www.droste-verlag.de